父親養成指南

從只出一張嘴的豬隊友，
進化成參與育兒教養的新時代神隊友

ANNA MACHIN
安娜・麥菁
張馨方——譯

The Life of Dad

The Making of a Modern Father

好評推薦

很喜歡這本探討父性的書，從生物學、人類演化和文化環境……等等，多面向的探討了爸爸的角色，也幫助我了解自己那些內心的矛盾與困惑，相信讀者們看完後，也能在擔綱父親身分上更加游刃有餘！

——醫師作家　邦妮&蓋瑞小夫妻

「父親是什麼？」父親是帶領孩子進入社會，開始冒險與探索的前導示範，與母親相異卻同等重要。本書闡述了父職在親職面不是僅為協助者，而有其獨特意義，值得一讀。

——諮商心理師　林仁廷

多年來，我嘗試透過人類、心理學等理論，幫助母親們看見父親在育兒的困境與挑戰。終於有了這本書，就讓更專業的來！

——親職教育顧問　陳其正（醜爸）

對於母職，我們累積豐富的描述、討論和頌讚，面向父職，卻幾近一無所知。一直以來，父親多半等同養家者形象，安娜．麥菁從科學的角度，揭露父職滋養、照顧與愛的多元面貌，獻給思考如何作父親的每一個你。

——東華大學社會學系助理教授　梁莉芳

這是英國著作啊！世界排名占前的男性育嬰大國，從家電廣告到流行電視劇都有不少愛家男人全職父親的橋段，週六早晨的公園裡只有爸爸與孩子，亞洲無法相信的奇景處處上演。別再笑英國研究領先全球數十年，有媽媽看不下去，幫天下老公出書解套，你，看是不看？

——別人的老公　隱藏角色

這本書以最新研究為基礎，感動人心、資訊豐富，而且通俗易讀。值得每一位家長與（外）祖父母、以及所有健康、教育和社會照護領域的專業人士拜讀。

——父職研究所（Fatherhood Institute）聯合執行長
艾德里安娜．伯吉斯（Adrienne Burgess）

探討家長身分被遺忘的父親，精彩至極。準爸爸與媽媽的必讀之作。

——牛津大學教授　羅賓・鄧巴（Robin Dunbar）

是時候開始將科學應用在實際的父職領域了。真實的父職經驗與社會對父職的認知依然差距甚大。《父親的新角色》所敘述的科學發現，帶給我們突破困境的信心。

——家庭推廣組織（Family Initiative）創辦人鄧肯・費雪（Duncan Fisher），曾獲頒大英帝國官佐勳章（OBE）

安娜・麥菁集結了最新的父職研究與新手爸爸的真實故事。這是一本發人深省、鼓舞人心與感動你我的著作。

——英國慈善團體國家生育信託執行長　尼克・威爾基（Nick Wilkie）

獻給朱利安（Julian）

目次

序言

經常有人問我，為什麼一個女人會想研究與寫作父親的題材。簡單說來，因為我的另一半就是一位人父。十年前，我生下第一個孩子，三年後又生了第二個。後來發現，生孩子不是我的強項，生第一胎時尤其漫長與艱辛，導致我與孩子的身體都虛弱不堪。雖然得到一些面對預期創傷的建議與幫助，但是，全程目睹我在分娩時經歷陣痛、打了大量嗎啡而失去知覺的先生，卻徹底遭到忽略。

我必須在這裡說清楚（否則會有人找我麻煩），我的先生並不期望得到任何幫助，他認為我和孩子才是最重要的。然而，一年過去，我重回職場，而先生每每說起女兒出生的過程還是非常痛苦，這讓我感到憤怒。我生氣的是，我的先生、也就是孩子的另一個家長，他遭受相當於親眼看著摯愛出了嚴重車禍的創傷，卻從來沒有人問過他的感受或是否需要協助。因此，身為一名學者，我發揮所長查找研究文獻，想知道其他科學家對於為人父者與他們的經驗有哪些了解。

結果，相關資料少得可憐。的確有大量文獻探討不負責任的父親對孩子造成的影響，但關於全心照顧孩子的父親——換尿布、教孩子踢足球、幫女兒綁辮子、說故事哄小孩睡覺——的研究卻寥寥無幾。社會上無疑有少數失職的雙親，對其子女的成長造成真實且嚴重的負面影響。但是，大多數的父親總是陪在孩子身旁、盡全力給予照顧與關愛，而他們應該得到認同與理解。因此，我擔負起這個使命，研究那些陪伴孩子成長的爸爸們的經歷，從正面、而非負面的角度來書寫他們的故事。

自從十年前第一次為人父母的重大經歷以來，我一直在職場上致力研究新手父親的經歷。研究的對象擁有不同的工作與背景，包含同性戀與異性戀、專業人員與勞工、中途輟學者與受過大學教育者，並且涵蓋多元的種族。他們同意在第一次當爸爸這個人生中最私密的時刻，與我分享生活的點滴。我在他們喜獲兒女的前幾週前拜訪，在這段期間，他們難掩興奮、或許還有點焦慮，卻又對未來感到迷惘。孩子出生後，便結束訪問，以免打擾他們享受寶貴時光。這個時期，他們滿心期待的心情不再，取而代之的是敬畏的心，驚嘆這個走進他們生命、徹底顛覆原有生活的小不點是多麼美妙的生物。我分析他們的荷爾蒙變化、觀察他們的行為、評估身心健康狀況並研究他們的大腦，這些工作通常耗時數月。我多次與這些父親面談，他們通常也會帶著襁褓中的孩子前來。你在本書中讀到的敘述都出自於他們，當中包含其想法、感受與經歷。希望或許即將成為人父的你讀完這些父親的心聲之後，能夠安心面對自己的情緒或經歷，同時，這些言語也讓我引述的科學研究更有參考價值。

在這些父親的同意下，我與同事深入他們的生活與家庭，挖掘出許多關於現代父親出乎意料與美妙的事物。父親的角色獨一無二，與母親不同，其中的差異對於孩子的健康成長不可或缺。現代有許多西方國家的父親，希望能與另一半共同積極地教養孩子，卻缺乏支持與資訊，而且在一個尚未準備好接納他們扮演這個角色的社會中掙扎不已。父親的角色結合了歷史、文化與政治的元素，但雄性的生物特質對於男性會成為哪一種父親的影響，遠比一般人原本所想的還要重大。此外，父親是非常懂得自我調整的生物，他們能夠隨時轉換角色以確保家庭的幸福與延續。

因此，我寫此書有三個原因。第一，為了平衡關於父親的文獻紀錄，傳達稱職父親的力量與價值的正面訊息，以中和大眾對於失職父親的無情批評。第二，幫助即將展開育兒旅程的父親。我希望書中的資訊與真實受訪者的心聲，能讓新手爸爸更放心、更自在地面對往後的日子。第三、可能也最重要的一點。我認為所有的父親與大眾都有權利、也應該知道，為人父者在生理、心理與情緒方面的變化。根據英國國家統計局（UK Office for National Statistics）的資料，在二〇一五年（此項統計的最後一年），英國有六百多萬名奶爸。現在不正好是了解他們的時候？

在本書第一章，我們將回到五十萬年前的社會，看看人類史上最早的父親是什麼樣子，探究其革命性的出現，為何至今依然深刻地影響現代父親的角色與重要性。第二章，我們將討論父親與兒女之間的強大連結（這個關係甚至在孩子出生之前就已經形成），以及在胎兒時期便開始讓雙親產生父性與母性的產前激素。我們會開始思考作為一名父親對於即將為人父者的意義，還有這個全新的角色如何讓一個男人，做出人生中必要的改變與接受令人愉快的新身分。第三章，了解他國的父親如何養育孩子，並且認識到父親的角色是多麼多元與不可思議。我們將探索某些文化中養父的角色更勝生父的現象，有鑑於領養法的放寬與人工生殖技術的發展，即使在西方，核心家庭不再是常態，對此將透過圖表來描繪人類家庭的變遷。閱讀過程中，這段旋風般的世界之旅或許與我們的經歷相差甚大，但這將能讓我們了解，父親的責任不只是繁衍後代，更在於實際花時間陪伴與照顧孩子。

第四章，我們將重點放在新手爸爸見證孩子誕生的經驗與健康狀態，後者包括越來越常見的心理障礙，對此，父親本身、他的家庭與社會都迫切需要我們的關心。第五章，我們將檢視保護與教養孩子兩項獨特的責任，五十多萬年來一直是為人父的重要義務，到了現在仍是如此。我們將看到不計其數的父親，也會有不計其數的教養方式，父親這個角色的特徵是可以彈性調整，但在所有父親的心中，最重要的是確保兒女安全健康地長大。第六章，在充分認知文化、歷史、政治與生態等因素之後，我們將關注男人的個人生物特質與心理素養對於教養方式的影響；探討基因、荷爾蒙分泌與童年經歷，如何塑造他未來成為人父的樣子；將了解父親的基因如何影響其感情、個性如何影響孩子的成長（即使面對難以管教的孩子，也能妥善教養），以及教養方式如何反映出上一代的行為。第七章，將討論父親與孩子之間最根本且終生存在的關係，思考雙方最初為了建立關係的互動需求，如何塑造緊密親子關係中最美好的角色。

第八章，我們將拓展焦點，將父親的搭檔也納入討論範圍。並檢視母親與父親的大腦，來了解父母在進化過程中出現哪些變化，以確保兩者都可以滿足孩子的成長需求而不會有不必要的重疊。此外，也將討論生育孩子對於父母之間的關係有何影響，並探討雙方可以如何安排時間以維持、甚至增進關係。在第九章與第十章，將了解父親對於孩子的成長做出哪些貢獻；也就是他扮演的獨特角色，包含教養孩子、鼓勵孩子獨立與社交自主，以及努力避免孩子未來心理健康遭受危害。最後，在第十一章總結，思考我們所處的位置。經過五十萬年的演化，現代的父親希望成為哪一種人，而社會是否有盡可能地幫助父親達成他的目標？「團隊父親」——身為人父同時提倡父職參與的學者、社運人士與政治家——如何在文化中推動根本的改變，讓希望能真正自稱為共同家長的父親一償所願？

本書不是「教戰手冊」，不會告訴你如何換尿布、組裝嬰兒床，或是可以做什麼來緩解小孩肚子疼痛的情況。我希望本書的功用，是帶領你從與時俱進的角度來思考「父親是什麼」，並且提供一些育兒的祕訣與建議，讓即將成為人父者盡可能地以輕鬆的態度，面對與享受這段過渡期。至於其他正邁向家庭的人，希望你們能享受這本書，從中了解我們在生命中都擁有的一個人物（無論與他的關係如何、在我們的生命中駐足多久）。對於育兒已有一段時間的爸爸，希望本書能反映出你們的一些經驗、讓你們知道某些擔憂是正常的，並且了解自己為什麼會出現一些直覺與行為。至於媽媽，我希望本書能帶給你們迷人又實用的見解，幫助你們了解另一半。對於具有強烈科學精神的人，我希望書中所引述的神經科學、遺傳學、心理學、內分泌學與健康領域的最新研究，可以滿足你們的求知欲。由於這個領域相對年輕，因此我在書中提到的大多數研究都聚焦於異性核心家庭，但在許多情況下，這些發現適用於所有的父親。隨著父親角色的多元性越趨顯著，我們的眼界也逐漸擴展並認知到同性戀父親與多父家庭的存在。我將在書中一一說明這些研究。

本書的最後，希望讓大家了解父親的角色是多麼複雜且重要，以及一個男人是如何因為教養孩子而脫胎換骨。然而，為了深入檢視現代父親的角色，我們必須回到一開始，看看五十萬年前的世界與最早出現的父親是什麼樣貌。

作者聲明

在本書中，你將讀到真實人父的心聲。過去十年裡，他們特別允許我研究他們成為父親的過程。由於我的研究針對孩子的幼年時期，也就是一個父親可說經歷最多變化與對孩子成長影響最深的階段，因此受訪者講述的是他們前五年育兒的心得。基於這項研究的本質，我與一些爸爸認識的時間並不長，其他人則讓我在這五年中持續追蹤他們與其家庭的狀況。有鑑於此，某些爸爸不只一次接受我的訪問。關於這些案例，由於我會在前面章節說明他們在受訪時孩子的年齡，因此你可以理解這些父親在育兒過程的特定階段中有何想法。書中所有出現的爸爸以及其小孩與伴侶的名字都經過變更，以保護他們的身分。承蒙那些自願參與研究的爸爸的恩情，在此致上永恆的謝意。

第一部

最早出現的父親

第一章 父親1.0

人類父性的演化

很少人知道是父親的角色拯救了人類。

五十萬年前，人類的祖先海德堡人（Homo heidelbergensis）面臨進退兩難的困境。一百萬年前他們離開非洲，足跡遍布歐洲與近東，甚至到達英格蘭南岸，在鄰近今日的西薩塞克斯郡（West Sussex）博克斯格羅夫村（Boxgrove）景色優美的熱帶潟湖旁建立家園。海德堡人與當時其他的原始人類一樣，用雙腳行走，但讓他們與眾不同的，是不斷進化的大腦。他們逐漸發展出語言的雛形，開始發揮創意，製作美麗、結構對稱的石具與完美平衡的狩獵木矛。不過，他們遇到一個問題。雖然他們非常有潛力發展成種族，但是，讓他們耐得住勞苦從非洲跋涉來此的直立行走特徵與狹窄骨盆，加上能夠適應新環境、裝載複雜大腦的寬大頭顱，使人口定時炸彈的危機一步步逼近。為了讓寬闊顱骨通過女性狹隘的陰道，海德堡人的新生兒都會早產且身體非常虛弱。

問題來了，媽媽努力滿足無助新生兒消耗體力的需求時，可以找誰幫忙照顧精力充沛的學步幼兒呢？她們如何扶養孩子長大，同時繁衍足夠的後代以延續人類種族與擴大人口？起初的一百萬年，祖母、阿姨、姑嬸、舅母與姐姐會幫忙照顧。然而，到了五十萬年前，原始人類的近祖海德堡人的大腦體積突飛猛進，突然間女力不堪負荷。那麼，是誰介入這一切？答案就是父親。他運用新發展出的生火技能烹煮難以消化的植物，讓處於學步階段的孩子可以食用固體食物，並且讓伴侶專心照顧新生兒，而他負責出外捕獵有豐富營養價值的野味，讓需要熱量的家人得以溫飽；教導青春期的子女製作器具，抵禦掠食者與狩獵的生存必備技能，以及學習與狩獵夥伴合作的複雜社交技巧。如此一來，我們的祖先免於原本可能面臨的絕種命運，五十萬年後，人類成為地球上最高等的動物，是雄性會養育後代的百分之五哺乳類動物之一，同時也是唯一如此做的人猿。人類的父性於焉誕生。

演化人類學家致力探索人類的起源，是什麼讓我們與其他動物──尤其是類人猿──有所不同？生理結構上的差異不難分辨，就算不解釋，也不太可能將雙足行走、身體幾乎無毛的人猿誤認成大猩猩，除非你喝醉深夜走在路上。但是，若要找出黑猩猩與人類在行為上的差異，那就困難多了。我們一度認為這兩者的差別在於製作器具的能力，畢竟散落在有兩百萬年歷史的東非考古遺址的石器，無疑宣告了人類的行為與智力出現顯著的改變。不過，從野生黑猩猩的習性看來，牠們擅長利用石器敲碎堅果與盛裝落葉以吸收、儲存迫切需要的用水。甚至連一度標誌人類獨特智慧的語言能力，也經研究證明可見於黑猩猩身上，牠們懂得利用多種手勢來表達需求與情緒，甚至會組合簡單的句子。這些句子通常跟食物有關，儘管如此，牠們知道如何溝通。其中有一種行為經常受到忽略，假使缺少了這種行為人類就會滅絕，那就是父性。

在哺乳動物中，陪伴與照顧後代的父親相當罕見。以鳥類而言，公鳥每天辛勤地來回巢穴餵養雛鳥的現象十分常見，超過九成的公鳥與母鳥會花時間與精力養育子女。但就哺乳類而言，雄性濫交的現象更普遍，意即一名雄性動物會與數名雌性動物交配，而且通常不會逗留太多時間。與人類關係最近的人猿有兩種截然不同的雜交方式。大猩猩呈現一公多母的繁殖體制。這表示，體型壯碩、背上毛髮為銀灰色的公猩猩，會將所有母猩猩占為己有，除非比牠年輕、地位較低的公猩猩趁牠不注意時，偷偷躲在樹木後方與母猩猩迅速交配。有孩子的公猩猩的確會慈愛地對待為數眾多的後代，但這是為了確保父子或父女關係，實際上牠根本沒有真的照顧兒女。食物充足的環境、幼兒的快速發育及漫長的生育期，意味著母猩猩能夠滿足寶寶所有的需求，對此父親的貢獻少之又少。至於黑猩猩的生活安排更加自由，公猩猩可以與數隻母猩猩交配，不過，身為領袖的公猩猩則有權與數量最多、品種最好的母猩猩交配。沒有一隻雄性黑猩猩知道哪些年幼猩猩是自己生的，因此，牠們不會浪費寶貴的精力養育後代，而是寧願把時間拿來率領其他公猩猩、建立至關重要的同盟及參與複雜的黑猩猩政治，好鞏固自己的社會階級地位。

相較之下，人猿發展出截然不同的父職模式，爸爸會待在孩子身旁照顧。他們的教養方式依文化有著巨大差異，這點將在後面的章節探討，但無論如何，父親都在子女的生活中扮演關鍵角色。他們的參與之所以必要，得從先前提過的兩個生理特徵——雙足步行與寬大腦部——的獨特結合說起。假如用四肢走路，腳就會像桌子的四根支柱一樣，每一隻腳支撐身體的四端，彼此有一段距離；相反地，兩足動物的雙腿距離接近，這表示其骨盆比四足動物深且狹小，產道也較狹窄。實際上，產道變小並無大礙，但再加上寬闊腦部，問題就來了。

在發育方面，動物的幼兒在子宮內的行為模式分為兩種：一是發育非常良好，耳聰目明、毛髮萌生，準備好在出生不久後靠自己的力量行動；二是徬徨無助、不會移動、眼睛緊閉，也尚未發展出聽力。第一個發育的類型稱為「早熟」，這對於人猿幼兒是常態。我到現在仍對於黑猩猩寶寶出生僅僅幾天後就能獨立爬樹的能力感到驚訝。第二個類型是晚熟，小狗與小貓明顯都屬於這種動物。這兩種成長路徑之所以存在，是因為絕大多數的物種之中，嬰兒的大腦在兩個時期發育，不是胎兒時期（如黑猩猩），就是出生之後（如狗與貓）。這裡我說絕大多數，是因為還有一個特例——人類。

人類大腦的體積遠大於體重相仿的哺乳類動物，事實上相差將近六倍之多。正是因為這樣的生理結構，才能成為如此高等的動物。人類發明語言、展現無比的創造力，而且支配環境，進而統治地球。然而，由於我們擁有以身體大小而言異常巨大的腦部，因此大腦的發育期拉得比較長。這正是問題所在。人類的狹窄骨盆意味著大腦發育的重要時期不會發生在子宮內，因為這樣寶寶無法順利通過產道——這其實也會造成母親與寶寶的生命危險。因此，為了確保物種的生存，人類在天擇機制下發展出異常短暫的懷孕期，表示人類的寶寶發育尚未完全便出生。這導致兩個結果：嬰兒在出生時展現綜合的特徵——像幼犬一樣無法自理，視力與聽力卻跟黑猩猩幼兒一樣良好；其二，人類是唯一在出生前與出生後腦部大幅發育的物種。這麼一來，問題就解決了。

但是，就這樣嗎？出生後大腦的重要發育時期——以人類而言是一年——讓腦部可以充分發揮潛力，卻也代表母親必須承受重擔，照顧無法自主、沒有行動能力且嗷嗷待哺的嬰兒。她不只得在懷孕時期耗費大量精力，理論上，假如孩子在出生前大腦才開始發育（如同黑猩猩），還得哺乳一段時間。不過，現實並非如此。雖然在某些人類社會中，媽媽的哺乳期超過六個月，但是讓寶寶在滿六個月時斷奶完全是有可能的，西方社會也一向如此。那麼，人類的哺乳期何以如此短暫？

全是出於人口與物種生存的考量。大約在一百八十萬年前「匠人」（Homo

ergaster）出現時，短暫的懷孕期與哺乳期或許在同一時期發展。生物進化的單一哺乳機制可避免媽媽在此時再度懷孕，確保其時間與精力完全投入在日益長大的嬰兒。但是，如果我們的祖先因為大腦（即使不再發展，也是人體最需要能量的器官）出生後才發育的機制所需，而把所有心力都花在新生兒身上，就表示每一胎的間隔時間太長，使人類無法綿延後代。假使真的如此，人類早就滅亡，統治地球的或許就是另一個物種了。然而，媽媽有可能因為哺乳期的縮短得以提早停止哺育、再次懷孕，確保生育的速度足以維持與擴大人口。

任何家長都能體會，同時照顧新生兒與餵養、安撫和陪伴學步幼兒玩耍那種精疲力盡的感覺。我還記得之前生第二胎時，一邊哺乳、一邊翻箱倒櫃幫老大找《天線寶寶》（*Teletubbies*）的光碟，還要榨果汁和做點心的壓力。你會變得非常擅長用一隻手做所有事情。但是，假設現代生活帶給我們的便利都不見了，沒有省力裝置、育嬰用品與家庭計畫方法，會是什麼樣子。這是大多數身為匠人的史前女性的處境。她們沒有能力控制自己從青春期（大約十一至十三歲）開始的生育，不斷地懷孕或哺乳，同時還得照顧黏人的幼兒。黑猩猩大多在每一胎之間會有五年的悠閒時光，但匠人女性就沒這麼幸福了。

人類的特色是絕佳的互助合作。想想看你在一天當中有多少次需要與別人合作以達成目標。人們一起尋找或挖掘生存所需的食物與水源，傳授和學習過生活與獲得成功的知識技能、買賣物品及養育後代。最強大的合作形式在親屬之間。稱為「親屬選擇」（kin selection），我們幫助與自己有血緣關係的人，藉此增加生存的可能性。基本上，幫助親人，不是因為可以在需要時得到回報（雖然情況經常是如此），而是因為我們與親人擁有一樣的基因，就如任何優秀的演化生物學家所知，延續這些基因才是最重要的。這是「自私基因」（selfish gene）的概念，由英國生物學家理查．道金斯（Richard Dawkins）在一九七六年出版的書籍首度指明與研究，其中提出，生物演化的單位不是個人，而是基因。這麼一來，我們幫忙親戚照顧小孩，便可確保孩子的生存，進而確保自身基因的延續。不用說也知道，與親屬的關係越近，相同的基因數量越多，就能從幫忙照顧小孩這件事得到越多的好處。有鑑於此，祖父母或外公、外婆往往是最有可能幫忙兒女照顧孫子、孫女的人。

因此，匠人女性會在親人需要幫助時伸出援手。至於幫忙照顧孩子的人實際上是否為奶奶仍有爭議，因為遠古人類的壽命是否有長到可以含飴弄孫，這一點還不明朗。儘管經過數千年的演化，更年期的年齡一直都落在五十歲左右，這個歲數的骨骸出現在化石紀錄上的頻率不是非常低，就是根本沒有（人類學家為此爭論了好長一段時間——從這點看來，人類真是奇怪的物種）。不過我們知道，幫忙照顧孩子的人肯定是孩子母親的某個女性親屬。何以如此？原因在於，生物的進化依循簡約原則，也就是說，一向經由最簡單與／或耗費最少資源的方式達到目的。與同性合作往往比異性來得省力。我想我們對此都有同感。拿貨幣與匯率來比喻，這是因為我們與同性合作時，雙方交換的貨幣是一樣的，容易依循彼此的行為。即便是在親屬之間，合作或多或少也是互利的——你幫我，我助你——因此為了避免吃虧，我們必須持續遵循合作的行為。而合作的難度越低，消耗的腦力與寶貴精力就會越少。在進化史上，女性談到孩子的話題時，會互相分享自己照顧或保護孩子的心得。就男性而言，伸出援手的動機就不同了，他們幫忙照顧孩子，是希望這麼做能增加自己成為孩子母親下一個伴侶的機會，這種貨幣與前述的貨幣截然不同。這使得兩種貨幣的匯率難以計算，因此生物進化機制決定讓人類避免進行這種交換，除非不得已。如此一來，媽媽需要幫助時，第一時間便會找其他女性。

就這樣，女性匠人在其他同性親屬——姐妹、（堂）表姐妹甚至年紀較長的女兒——的協助下養育子女。如我們所知，過去一百萬年來，這樣的幫助能夠滿足人母的需求，但在距今約五十萬年前，人類的大腦經歷了第二大規模的擴張，育嬰的體力成本再度變得難以應付。大腦容量大幅成長到接近現今一千三百立方公分，意味著育兒期變得比以往更長，孩子也更迫切需要高能量食物（這裡指的是肉）。在現代之前，人類取得肉類的方式一直相當隨意；撿取肉食動物吃剩的獵物，或者毫不費力地從肉食動物身邊偷走新鮮的獵物（聽來非常令人興奮）。然而，這種權宜之計顯然不再適用，人類必須想出更容易預測且更安全的方式來獲取這項重要資源，以滿足龐大腦部所需的能量。隨著腦容量更大的海德堡人的出現，考古學界也發現與其一致的獵矛的最初證據，這兩件事並非巧合。這些長矛與其他古代狩獵器具不同，是一點五公尺長、製作精美的木質投槍，如從德國舍寧根（Schöningin）四十五萬年歷史的遺址中出土的獵矛。海德堡人不僅擁有高超的狩獵能力，還發展出純熟的工藝技巧。

女性由於可能得照顧自己的子女，不再像之前可以幫忙同性親屬扶養孩子。發育快速的幼兒需要持續補充一定分量的肉類，而孕婦及媽媽也需要充分的營養以滿足腦部寬大的嬰兒日益增長的能量需求，這表示，需要有另一個角色站出來確保人類的生存。這個人必須擁有足夠的時間、精力與技能，以打獵與製作狩獵和宰殺牲畜的利器；不會受到費力的生育過程所影響，卻仍受遺傳關係的束縛；知道如何堆建壁爐（大量見於這時期的考古紀錄）和控制火溫，煮熟狩獵得來的獸肉，讓幼兒容易消化；能夠在孩子長大成人的同時以身作則，教導他們製作器具的技巧與狩獵的方式。隨著打獵日益複雜，這個人也能夠傳授攸關狩獵成敗及子女能否在社會立足的溝通與合作技能。誠如本書一開始到現在所提及，我們知道，這個人就是父親。

現代人類與近親人猿不同，男性與女性的身材差異相對較小。男性的身材比女性大了一點一倍，公猩猩的體型則接近母猩猩的兩倍，大了一點七五倍。這是因為公猩猩必須防衛其他同性搶奪優良品種的母猩猩。相反地，過去五十萬年來，人類大多遵循一夫一妻制，男性與女性皆自行選擇伴侶；因此男性不需要透過肢體力量來占有數名無法自由挑選伴侶的女性。相近的體型在人類父性的演變上至關重要。倫敦大學學院（University College London）的演化人類學家凱西・奇（Cathy Key）進行縝密分析，利用兩性體型的差異推算人類父性出現的時間。在多數物種之中，雄性動物的體型遠比雌性龐大，為了生育所付出的成本也高得多，因為他們需要擴大與保持強壯的身材以順利求偶。但就人類而言，男性的生育成本比女性少；他們不需要擴大與保持遠比女性壯碩的體型，相較之下，女性在懷孕與哺乳方面所付出的成本多太多了。在這些情況下，奇估算男性在一開始付出精力照顧女性的孩子（即使這些小孩不是他親生的），或許可以提高女性與他繁衍後代的可能性。無論如何，由於演化機制偏好親屬選擇，也就是生物會傾向幫助與自己有血緣關係的同類，因此很快便衍生第二個階段——男性開始出現「守護女性配偶」的意識。使男性把所有時間用來接近女性，這樣下次對方可以受孕（這對人類女性來說是一件十分棘手的事）的時候，自己就完全占了交配的先機。對男性來說，這麼做的壞處在於，他會退出尋覓配偶的市場，而且必須捨棄伴侶不固定但或許子孫眾多的交配策略。同時，也會減少他一生繁衍的後代數量，並且使他必須更努力維持之前做的事情，延續自己的基因。因此，他會開始在伴侶的孩子身上投入大量心力，不斷出現在伴侶身旁，順利的話，這麼做可以確保自己成為她的配偶。根據凱西的計算，這個過程出現在史前歷史的時間點（即女性的生育成本遠高於男性的時期）——如你所想——正是腦部寬大、兩性體型相近的海德堡人在五十萬年出現之際。

這一段為期五十萬年的進化過程，依然影響著今日的爸爸，原因有三。首先，從最早出現的父親的身上得知，至今定義各文化中父親角色的兩個關鍵特徵是保護與教導。在後面的章節，我將一再提到父親確保孩子的生存與教導他們知識（尤其是關於人類生存的複雜社會）的迫切需求。第二，這告訴我們，人類的父性不只是男性渴望繁衍後代的副產品，還是天擇機制下的正面行為。生物演化十分講求效率，假如複雜的行為或生理結構的變化是物種存活的唯一方式，它才會引導物種朝這個方向前進。人類的父性可說是此變化的典型。這個行為上的改變翻轉了全世界，對人類影響深遠，要不是為我們帶來可觀的益處，絕不會被天擇選中。最後一個，或許也是最重要的原因，這段進化史讓我們了解，父性是與生俱來，而非一般誤以為是後天習得。是的，爸爸需要透過學習才知道所有實際的育兒方法，例如幫寶寶換尿布、洗澡和餵食，但媽媽也是如此。如果你看過新手媽媽練習哺乳就會明白，每個人都需要時間學習如何當父母。然而，人人都有教養子女的本能，這是我展開職業生涯之初學到的一堂課。

起初，我跟著學問淵博的靈長類動物學家賽門・比爾德（Simon Bearder）學習人類學。他專門在非洲研究體型瘦小的夜行性動物叢猴（bush baby）。在第一堂課，他解釋人類與人猿和猴子等近親有哪些相似之處，以及人類是腦容量異常巨大與求知欲旺盛的靈長類動物，因此我們會不斷學習與創新。他解釋這在許多方面是好事，但有時我們會因為求好心切而否定自己的本能與能力，在育兒方面卻對我們造成了傷害。就如同我研究中的兩位父親所體認的，養育子女是一段起伏劇烈的學習過程，一開始會犯錯，但強烈的教養本能終究會引導你走上正確的道路：

諾亞：「你會犯錯，但只要你沒有讓他們受到嚴重的傷害就沒事，你只需要……」

阿德里昂：「像我們把剛出生不久的女兒從醫院帶回家，大概過了四天，我們讓她坐在嬰兒車裡，帶她出去散步很長一段時間，心想著『我們的孩子多可愛呀……』，然後覺得奇怪，『她的臉是不是越來越紅了？』過了一個半小時，我們在想，『幫她擦的防曬乳是不是不夠？』她的臉看起來有點曬傷了！我們也曾經帶她到公園，拉著她的手臂跟她玩，但我們沒控制好力道，把她甩了好大一圈，結果她的肩膀脫臼。所以，之後我們就沒再這麼做了，對吧？」

——茉蒂（七歲）的同性雙親諾亞與阿德里昂

這段話告訴我們，跟著本能走。聽從你內心的聲音，就會知道該如何養育子女。每一位家長都不一樣，達成教養目標的方式也各有不同。但是，你的生理結構、大腦、基因與荷爾蒙，全都在演化機制的運作下使你成為父母。教養孩子的天性與能力就存在父母心中，只需要順從直覺就好。各位爸爸也是如此。

在後續章節裡，我們將針對現代進行探討，了解生物演化如何投入龐大資源將男人塑造成人父（不論在神經、基因、生理與心理方面），以及現代的父親如何從與孩子的親密相處中，得到不只對他們和孩子有益，也讓社會變得美好的好處。然而，進化史傳達的訊息是：父親不僅是母親的助手、偶爾串場的保母或負責扛起大包小包的人。他們是五十萬年來演化的產物，自始至終都是人類史上不可或缺的一部分。

第二部

懷胎九月

第二章 對於寶寶的想像

懷孕、身分與依附關係

一個經常被人引述卻沒事實根據的觀念——母性與生俱來——女人天生渴望而且準備好照顧孩子。我以兩個年幼孩子的母親的身分向你保證，母性並非出於本能；我永遠都忘不了第一次當媽媽有多辛苦，照顧新生兒的同時，就連決定要刷牙還洗碗都像是不可能的任務。然而，比起先生，我的確有優勢。懷孕、生子與哺乳是情緒起伏劇烈且十分累人的經驗，有賴大量神奇的荷爾蒙幫媽媽的身體做好育兒準備、舒緩生育的疼痛與創傷，促使我們與剛出生的子女快速建立深刻的感情——如果我們要忍受睡眠不足的痛苦且不停滿足他們吃奶的需求，這是很重要的。相比之下，爸爸沒有這種經驗作為基礎，而九個月的孕期過後，除了跑幾趟家具店採購與簡單組裝嬰兒車之外，未來的爸爸似乎沒有受到什麼影響，至少表面上看來是如此。對爸爸而言，成為父母與和小孩培養感情的過程，似乎都是等到寶寶出生後才真正開始。

爸爸這個身分是從什麼時候開始呢？也許是渴望生小孩時、讓伴侶受孕時、伴侶懷孕期間、意識到新身分逐漸來臨時，抑或是孩子出生的那一刻。本章我想討論爸爸在媽媽懷孕期間會遇到哪些事情，探究他們的生理、心理與行為出現的變化，並且了解爸爸如何著手與未出生的孩子建立重要的關係，並與伴侶並肩教養孩子及建立「父親」的新身分。多年來，一般認為唯有當男人將自己剛出生的孩子抱在懷裡時，才正式成為父親，展開與寶寶的關係。在此之前，懷孕似乎與他完全無關。然而，對於進化機制憑藉父性所造成的生理結構及行為上的劇變，確保爸爸（甚至在孩子出生之前）與其家庭密不可分，是否讓人感到意外？

催產素（oxytocin）是一種功用多元的荷爾蒙。由大腦底部的微小結構腦下垂體（pituitary gland）所分泌，扮演數個重要角色。催產素負責促進分娩、分泌乳汁與提高精子的產量與活動力，全是生殖的重要階段。但是，真正的影響力顯現在大腦中。原因在於，催產素是促成許多新關係的潤滑劑，譬如愛情、親情與友情。其作用有點類似酒精，可以減少建立新關係的阻礙、促使採取行動、與目標對象展開對話。每個人的體內都有基礎的催產素含量，分泌的多寡因人而異，視基因與環境而定，意味著不怕生與投入新關係的能力也各有不同。其中也包含父與子的關係。在後面的章節，將討論男人的個性如何影響他的育兒行為以及與孩子建立感情的難易度。

此外，催產素與另一個重要的神經化學物質——多巴胺（dopamine）——關係密切。多巴胺會在大腦的獎勵中樞裡產生作用，由於其分泌會導致強烈的快樂與興奮感，因此被形容為獎勵的化學物質。如果你回想自己吃巧克力或最愛的外賣食物時的愉悅感受，就會知道我的意思，那就是多巴胺在刺激大腦。多巴胺與催產素合作無間，尤其是新關係逐漸形成的時候。第一，使大腦更有彈性，也就是能夠更輕易地改變神經結構——這對於建立新的記憶或學習關於某人的新資訊非常重要。第二，互補長短。我喜歡將它們比喻成「好警察」與「過度熱心的警察」。多巴胺——過度熱心的警察——讓你有活力和動力踏出舒適圈與建立新關係。但是，有時熱情會使你在一連串的行動中，錯過更適合建立關係的時間點。因此，催產素會抑制恐懼迴路與促進親密關係迴路（驅使我們形成與維持人際關係），減弱多巴胺對我們的專注力的極端影響，讓大腦有足夠的空間冷靜經營人際關係。多年來，催產素曾被視為女性的戀愛荷爾蒙，主要原因是與生育和哺乳的關聯，但近年來，對男性與女性的人際關係一樣重要的事實益趨顯著。此外，對於人類教養團隊的形成也少不了催產素。近期研究顯示，父親與懷孕中的母親住在一起時，血液中的催產素含量相近。進行這項研究的團隊，是由以色列巴伊蘭大學（Bar Ilan University）的發展心理學家露絲・費爾德曼（Ruth Feldman）教授所帶領。費爾德曼與其團隊在父性神經化學機制的研究上，可說是成果最豐碩且最具影響力的學者。此團隊的組成相當多元，而在父性的神經生物與神經機制方面的研究，連同來自心理學與行為科學領域的貢獻，讓我們得以了解當爸爸是怎麼一回事。不過，當學界發現，即將成為家長的爸爸與媽媽血液裡的基礎催產素分泌量竟然一致時（這種現象普遍存在於伴侶之間，排除了巧合的可能性），就連費爾德曼與其研究團隊也無法提出確切的解釋。他們只知道對於父母養育小孩的行為具有根本的重要性。他們長時間觀察伴侶兩人的行為後，推論這種神經化學現象或許與感情融洽的愛人做出類似的行為（說話用詞、手勢與肢體語言相同）有關。他們觀察到兩個人處於親密與互相支持的關係時，默契通常會反映在相同的言語和動作上，身體各種數據（意即生理標記）也會一致，例如心跳速率、體溫與血壓。他們發明了「生物行為同步」（bio-behavioural synchrony）一詞來描述這個現象。研究團隊假設深入研究行為與生理一致的現象，或許能解釋即將生孩子的兩人體內為何會有相同的催產素含量，並藉此主張這種親密關係是以類似的大腦活動與荷爾蒙分泌量作為基礎，其中包含對長期人際關係至關重要的激素。生物進化機制的運行彷彿是為了讓雙親得到同等的神經化學獎勵，以確保他們會以相同的角度來教養寶寶（甚至在孩子出生前就如此）。這個作用與父性受到的大部分影響一樣，都在早期階段出現，但這個機制似乎可以解釋，即將為人父母的伴侶體內催產素含量相近的現象。此一致性不只限於神經生物，父母兩人的心理也會產生重大轉變。

一個人的性格可以劃分成五大元素，在心理學界中稱為「人格五大特質」（big five）。在七〇年代由兩個分別得出相同結論的研究團隊，率先提出並根據數千種人格的分析，這個概念假設，不考慮語言或文化，每一種人格都能歸結為五個基本要素。分別是外向性（尋求人際關係、刺激與樂趣的欲望——典型的玩樂本性）、開放性（獲得新奇體驗的渴望）、親和性（對他人的同理心）、神經質（焦慮與受到威脅的強烈感受）及盡責性（組織、計畫與遵守規則的能力）。所有的人格多少都包含這些元素，且雖然存在激烈爭議，但人在一生中的個性顯得相對穩定。不過，伴隨新手父母身分重大動盪而來的實際與行為的改變，似乎會引起一定程度的有益作用。受到催產素的影響，懷孕期間同住的新手爸媽在個性上似乎會出現某些變化，彼此的言語和行為都十分類似。

我從自己的研究中得知，父親的個性會出現轉變，例如，原本耐性十足的男人在當了爸爸之後變得容易不耐煩，或是原本膽小怕事的人在育兒過程中找到自信。然而，在針對新手爸媽與育兒已有一段時間研究中，比利時天主教魯汶大學（Université catholique de Louvain）的莎拉．加爾迪歐洛（Sarah Galdiolo）與伊莎貝爾．羅斯坎姆（Isabelle Roskam）發現父親經歷的變化也反映在母親的有力證據。他們長期觀察兩百零四對育有子女的伴侶，從懷孕到生育一年後的期間內持續追蹤。結果發現，相較於沒有子女的夫妻，這些父母的性格在開放性、親和性與神經質的程度上表現一致。這些因素都能使一個人認知他人的生活經驗與準備好體諒他人，而且對家庭運作的健全極為重要。在人格特質上有了一定程度的一致性，夫妻準備互相體諒、敞開心胸迎接新生寶寶的到來，並會警覺家庭所受到的威脅。以奈吉的經驗為例：

好幾次我朋友說，「我們週五晚上要去喝一杯和吃點東西，如果你想來，我們當然歡迎，但你可能沒辦法，因為你要照顧波比。」我心想，話也不是這麼說。我還是想和朋友聚會，不是我再也不能這麼做，只是我年紀大了，又有小孩，我覺得對女兒有責任。我不是不能去，只是不想讓莉茲在家一個人顧小孩，而我卻和朋友去酒吧喝酒。畢竟這不是特別的日子，之後想喝酒隨時都能去，這段期間，我應該在家陪波比，因為她在長大，每天都有不同的變化。

——波比（六個月大）的爸爸奈吉

然而，加爾迪歐洛與羅斯坎姆發現，雖然夫妻在以家庭為主的人格面向上達成一致，但驅使他們在伴侶關係外尋求刺激與獎勵的元素——外向性——發揮了不同作用。對媽媽而言，外向性並未因為人母的身分而有所改變；但對爸爸而言，這個人格面向所占的比重大幅減少。一旦成為家長，父親的性格就會從嚮往外在經驗轉變成以家庭為重，傾向做自己感覺熟悉與自在的事情。前面奈吉的敘述徹底凸顯出他在觀念上的改變。如果你即將成為人父，那麼生物與心理上一致和不一致的驚人變化都在告訴我們，進化機制驅使你與伴侶共同扶養寶寶，且在伴侶懷孕期間，你不只是相關的旁觀者，你的身心也正在準備為這個寶寶付出所有心力。

我組裝嬰兒床、整理幼兒室，也釘了一些架子，這些全是我一手包辦。做這些事情感覺很棒，這是我為家庭付出的方式。妻子忙著餵奶，那我幫不上忙，但我可以在家做苦工……

——即將成為父親的提姆

在研究中，我問提姆等爸爸在妻子懷孕期間做了哪些迎接寶寶的準備，得到的答案通常都是布置幼兒室、組裝家具，以及研究最適合的嬰兒車或汽車安全座椅。其實，購買嬰兒車可以說讓爸爸特別興奮，尤其是三輪設計、避震的車型。儘管他們突然間熱中自己動手做的行為令人莞爾，但對於即將當爸爸的人（他也許努力想在妻子懷孕期間找到出路）來說，這些貢獻能夠帶給他參與感。此外，許多爸爸也談到自己與寶寶之間日益深厚的感情。時常有爸爸描述自己對妻子的孕肚唱歌、說話甚至念故事，還有不管肚子裡的寶寶做什麼動作都欣喜若狂的感受。許多爸爸還會想像孩子的長相與陪孩子玩的畫面。

「依附」（attachment）——心理學家發明的詞彙，描述兩人之間發展出的緊密情感——是親子關係的基礎。依附理論最早由五〇年代開始進行研究的英國兒童精神病學家約翰．鮑比（John Bowlby）所提出。鮑比推翻之前的依附理論，不認為親子關係是受到孩子對於食物的渴望，或一般長大後就不再出現的依賴需求所推動，他主張奠基於家長與孩子之間，對孩子的健康成長十分重要的深厚情感之上。因此，許多哺乳類（包含人類）的幼兒，天生就有尋找依附對象的本能。鮑比的早期研究大多針對母親與嬰兒之間的依附連結，並將其定位成孩子對母親的行為，而不是雙向的關係。今日，我們知道母親與孩子之間的關係是雙向的，意指母親也會與孩子形成依附連結，而且也存在於父親與孩子之間。最常見的依附關係可見於家長與孩子及伴侶之間，但也會出現在非常親密的友誼中，有人甚至認為寵物與主人也會發展出這種連結。依附關係難以定義，這是最難界定的現象，但心理學家一看到就能辨別。假使我們觀察一段依附關係（無論是戀人、親子或好友之間），會看到兩人渴望彼此的肢體接觸，隨時留意對方的情緒反應以評估情況，還會在道別時感到難過。你可以想想小狗與狗媽媽分開、或者幼兒與父母分開的情境。我們將在第七章再度討論依附關係，了解父親在子女出生後與他們的關係發展，但在此我想討論一個相對新穎的觀念，也就是親子關係在孩子出生之前便已逐漸形成。

毫無疑問，媽媽會與尚未出生的寶寶形成依附關係，她能夠感受寶寶在肚子裡的一舉一動，並與寶寶一起經歷強烈的身心變化，大幅促成關係的發展。此現象稱為「母職優勢」（mothering privilege）。但是，真的只有媽媽才有這種優勢嗎？如今有強力證據指出爸爸也擁有這項優勢。他們同樣可以感受與胎兒間的強大情感連結，而超音波掃描的出現在此幫了大忙。有了這項科技，爸爸可以首次超越自己的想像，實際看到寶寶的模樣與聽到寶寶的聲音。提姆回想第一次在超音波掃描的螢幕上看到孩子的敘述，凸顯了這樣的經驗是多麼令人難忘：

我想起我開始相信超音波科技的第一次掃描。並不是說我之前不相信，而是它讓我確定看到的影像是真實的。我第一次接觸這個裝置，看到螢幕上的影像時，感覺棒呆了。實在不可思議。我既驚訝又開心，不敢相信自己看到的一切。

——即將成為人父的提姆

超音波雖然在五〇年代於格拉斯哥（Glasgow）首度問世，但直到七〇年代初才成為英國孕婦產前檢查的例行項目，且直到當代晚期才引進美國。因此，現今的父親是能夠定期探看胎兒的第一批世代，大致而言，可以在孕期中看見寶寶的樣子是一件好事。就我研究的爸爸而言，往往想都不想就會讓伴侶接受超音波掃描，儘管一些人擔心這麼做可能會發現寶寶有問題，但父母終於親眼看到寶寶而出現的激動情緒，總會讓他們感到放鬆、驕傲與喜悅。在這個快速創新的時代，家長不只可以聽到與看到寶寶，還可以透過4D超音波掃描聽到子宮裡的環繞聲響。這些掃描呈現寶寶立體與即時（所謂的第四度空間）的影像。在懷孕早期討論小孩長得像爸爸還是媽媽的機會多不勝數。對爸爸來說，他幾乎不知道尚未出生的孩子消耗了多少體力，而超音波提供難得的機會，讓他得以擁有與媽媽相同的經驗。顆粒感明顯的黑白影像已成為過去，取而代之的是從頭到尾都有聲音的動態影片，可以下載成ＤＶＤ帶回家看個夠。在比較２Ｄ與４Ｄ超音波技術如何影響準爸媽的研究中，任職義大利兩所醫院婦產科的皮埃爾．蓋蒂（Pier Righetti）與其同事發現，即使爸爸照過超音波兩週後才進行這項關係評估，但他們透過４Ｄ超音波看到寶寶的模樣後，與孩子之間的依附關係比照過２Ｄ超音波有更大的進展。看到孩子立體影像的機會，加上可以一再看到他們，可能讓爸爸得以在漫長的九個月孕期中與寶寶維繫感情。

親子間的依附關係是人在生命中最早形成，也可說是最強大的情感，無論這段關係健全與否，都將影響寶寶未來一生的健康與行為。因此，父親與孩子之間的依附關係對於這個孩子、家庭與整個社會具有長遠的意涵。近年來，我們學會將父親與孩子的情感視為不同類型的連結，而這個連結構成了獨特且重要的關係。班的經驗證明了不論對爸爸或孩子而言，這份情感早在孩子出生之前便已經萌芽：

在妻子懷上蘿西的那段期間，我會唱《小星星》給女兒聽。她出生時，一被放到媽媽的肚子上、臍帶都還沒剪斷，我就對她唱「一閃一閃亮晶晶」，結果她立刻有反應，那是我永難忘懷的時刻。

——蘿西（八個月大）的爸爸班

澳洲福林德斯大學（Flinders University）心理學家約翰．康頓（John Condon），率先發現孩子在出生前後依附關係的主要面向，以及更重要的是，界定了雙親與孩子之間關係的不同。如果你是準爸爸，與即將出生的寶寶的關係幾乎都存在自己的想像中。那麼，有三個因素也許會決定與寶寶連結的程度。第一，你有多常發現自己幻想寶寶的模樣，以及想到這點的內心感受。關鍵是，你將寶寶想像成「小人兒」以及對他們抱持正面感受的程度。因此，你是否一心想著他或她可能像爸爸還是媽媽、以及替他或她取什麼名字？這些想法是否讓你感覺溫柔、愛意與快樂？或者，你是否很少想像寶寶的模樣，而當你想起他或她，只覺得生氣、憤怒或沮喪？

第二個因素是，你有多能接受自己選擇的父親角色，具體來說，你在多大程度上想像自己成為「融入的父親」（involved father）。「融入的父親」一詞在八

○年代首度出現，用以描述希望與伴侶共同教養孩子，並且在孩子的照顧與身心發展上付出與另一半同樣多心力的父親——即大眾媒體所稱的「新手爸爸」。這個嶄新的父親類型與過去數十年維持一家生計、嚴以律己的傳統父親形象形成強烈對比。在我研究的爸爸之中，有一位便立志成為「融入的父親」：

我的角色是給予孩子情感上與物質上的支持。我認為這幾乎代表了一切。就雙親的身分而言，每一件事都是息息相關的，我不認為自己應該是家裡唯一工作賺錢的人，也不認為茉莉應該是唯一照顧孩子的人；我認為應該平均分攤家庭的責任。我們的職責是提供孩子金錢、情感支持、保護、愛與其他所有事。我的意思是，我認為當爸爸是一件很棒的事。你有教養孩子的責任……這會讓你經歷各種事物。

——芙蕾雅（六個月大）的爸爸柯林

想成為哪一種父親，對你與未出生的寶寶所形成的依附關係會產生根本性的影響。在依附關係與身分認同的研究中，澳洲心理學家雪琳・哈比卜（Cherine

Habib）與珊卓．蘭卡斯特（Sandra Lancaster）發現，將「父親」視為身分（除了如丈夫與勞動者之外）的重要元素，以及高度認同共同教養角色的準爸爸，比起設想自己主要任務是養家糊口的爸爸，與尚未出生的孩子建立了更強烈的依附關係。而許多男人主動接受這個身分，就像馬克一樣：

> 我不想一週工作六十小時且缺席小孩的成長過程。我童年時，爸爸是一家公司的董事，事業有成。但是，我只記得週末才能見到他……我替孩子做晚餐、洗澡、鋪床……每天晚上哄她入睡，只要有需要，我就會一直做下去……我想陪伴她長大，讓她記得這一切。
>
> ——艾蜜莉（六個月大）的爸爸馬克

懷孕是我們在人生中能提早為重大改變做準備的少數事件之一，其他重要的過渡期——青春期、初戀、第一次失去摯愛的人——則難以預測。懷孕的九個月期間，父母能藉此在物質與情感上做好迎接新生兒的準備。從本章到目前為止引述的爸爸心聲中，可以清楚看到對許多父親而言，思考自己成為哪一種家長是準備過程中重要的一部分。對於身分的思考，不僅在依附關係中不可或缺，也攸關男人的自我感覺及其與伴侶的關係；這些全都深深影響著男人如何順利轉變為一位父親。關於這點，爸爸的想像力是關鍵：

有小孩之前，我夢到我待在房間，坐在搖椅上安撫正在哭鬧的寶寶。在小女兒出生之前，我把母親的搖椅搬到女兒的房間。當夢境裡的畫面成真，心想「終於！我坐在搖椅上！懷裡還抱著寶寶！」如同人們憧憬白色婚禮般，這是我有小孩之後的夢想。

——茱蒂（七歲）的爸爸阿德里昂

最後，有一個外在因素會深刻影響你與未出生寶寶的感情，就是與伴侶的關係本質。如果準爸媽之間感情緊密且健全，彼此都非常滿意這段關係，也支持對方在家庭中的角色，那麼準爸爸比起那些感覺與伴侶有距離的男性而言，通常會與肚子裡的寶寶形成更強烈的連結。顯然地，穩定的關係中多了小孩，對任何伴侶來說都是一段艱辛的旅程，但若兩人越能夠攜手克服難題，家庭便會越美滿。

對大多數的爸爸而言，越到伴侶懷孕後期，他們與胎兒的依附關係就越深厚。然而，一些爸爸在培養這種關係的過程並不順利。部分男性（如以下提到的吉姆）可能欠缺適當的父職角色模範，部分則需要克服心理障礙，還有一些則是會與孩子的媽媽產生衝突。

兒子出生之前，我花很多時間在思考，我應該做什麼？扮演什麼角色？父母在我很小的時候就離婚了，當爸爸對我來說是非常困難的事情，因為我沒有一個真正的父親典範可以學習……我的父親與我感情疏遠，他只在週末來探望我、和我說笑，但我想成為關心兒子與花時間陪伴他的爸爸，而不是像我父親那樣沒有機會和自己的孩子相處。

——尚恩（六個月大）的爸爸吉姆

在此情況下，評估爸爸在孩子出生前與胎兒的依附關係，有助於判斷親子關係未來會遇到的問題，進而對整個社會產生廣泛的影響。如在第十章所見，身為父親，與孩子的關係有可能對他們的行為、情緒與心理發展造成深刻影響，這些與母親對孩子的任何影響不大相同。在緊密的親子依附關係中，父親能促使孩子擁有良好的心理健康、鼓勵他們獨立自主，並支持他們的行為和語言發展。但是，如果親子依附關係不健全，便有可能對孩子、家庭及社會造成負面影響。與父母關係不穩定的孩子，比一般人更有可能出現反社會行為、成癮與心理問題。康頓在胎兒依附關係的研究中發現，爸爸與胎兒的依附連結——連同父母之間的感情——最能預測寶寶出生後與他的感情會有多深厚。這是一項極為有力的研究，因為可以藉此辨別需要鞏固的依附關係，甚至在孩子出生前就能提早發現。

＊＊＊

爸爸與孩子在產前的關係，大部分都歸功於爸爸的想像力與努力，這些包含想像孩子的模樣與未來和他／她的感情、盡可能與肚子裡的寶寶互動、花時間思考希望成為哪一種父親。以提姆為例：

我希望我有與寶寶培養出感情……這很困難，感覺就像你對肚子裡的寶寶說話，而他根本不知道你是什麼人或是你在幹嘛。雖然如此，我跟他說很多話，也經常撫摸妻子的肚子。我希望得到參與感。幾天前，我們玩了擊掌遊戲，我輕拍妻子的肚子，而肚子裡的寶寶也回應我……他有可能只是在打嗝，但這種感覺真的很棒、很酷。

——即將成為父親的提姆

我們知道象徵懷孕與分娩所形成的神經化學物質——催產素與多巴胺——也存在爸爸體內，但作用的強度遠比媽媽弱，所需的時間和努力（撇開分娩不談）也比媽媽多。然而，進化機制並沒有讓爸爸只能靠想像參與懷孕的過程，還有一招可以幫助爸爸進入父親身分。

很多人說睪固酮（testosterone，又稱睪丸素）是讓男孩蛻變成男人的荷爾蒙。在胎兒長到六至十二週大時於子宮內分泌，使男嬰長出陰莖與睪丸，並促成腦部的發展。多數人認為男嬰出生後，有賴於睪固酮及其對大腦發育和行為的影響，他們才會偏好男生的玩具，還有將棒狀的物體都當成刀劍或手槍玩耍。在青春期，睪固酮控制脂肪與肌肉的分布以及骨骼的發育，使青少年的下巴、肩膀與胸部變寬，也促進胸部、臉部與生殖器毛髮的生長。這種荷爾蒙決定了你將會是多稱職的伴侶與父親。

長期以來，人們認為血液裡睪固酮含量較多的男性比較容易吸引伴侶。可能的原因有二：男性受到睪固酮的影響，有更多動力追求女性，以及女性偏好下巴寬大、胸部肌肉發達的男性（這樣比較能保護她們、給予更多的安全感）。然而，當男人決定與一個女人長相廝守、組成家庭，之前帶來助益的大量睪固酮突然間變成了阻礙。雖然他試著專心扮演忠誠伴侶與父親的新角色，但荷爾蒙會驅使他繼續尋找其他伴侶，因而危害到任何需要他照顧的後代。這個現象稱為「挑戰假說」(challenge hypothesis)，而其本身無疑也是種挑戰。這個假說由英國動物學家約翰・溫菲爾德（John Wingfield）率先提出，試圖解決男性如何在有小孩之前對伴侶忠誠，在生兒育女之後又能成為盡職父親的難題。辦法是，睪固酮必須犧牲。

現實的確如此。在來自不同文化的父親，從實行一夫多妻制的塞內加爾農民、重視子女教育的以色列中產階級、四處播種的菲律賓男性、努力賺錢養家的加拿大白領階級、不與妻子同住的牙買加男性，再到我自己英國父親族群，這些爸爸體內的睪固酮含量遠比非人父者低，無論他們是否與小孩同住。我們知道睪固酮含量較低的男性比較會安撫小孩，會更希望與伴侶共同養育孩子，對孩子的同理心與感情也勝過睪固酮較多的男性。睪固酮是父性行為各有不同的主要因素。我們將在第六章深入探討這個部分。問題來了，為人父者體內的睪固酮含量普遍比沒有小孩的人夫少，是否純粹因為睪固酮含量較少的男性生了小孩？還是當了爸爸之後，睪固酮的分泌量就會減少？

美國伊利諾州（Illinois）西北大學（Northwestern University）的學者李・格特勒（Lee Gettler）提供了解答。在其開創性的五年研究中，格特勒與同事追蹤一群菲律賓男性展開伴侶關係與當了爸爸之後的變化。研究人員在這些菲律賓男性還是單身時，測量其睪固酮基礎值。五年後，再度拜訪這群男性。在研究初期接受測試的六百二十四名男性中，其中有一百六十二人在這段期間第一次當了爸爸。這些人在研究初期睪固酮含量位居群體之冠，但是五年後的睪固酮數值是受試者當中最低的一群。那些依然單身與已有伴侶但沒有小孩的男性，其睪固酮的含量則沒有明顯變化。格特勒找到答案。體內睪固酮含量高的男性比較容易找到伴侶，當爸爸之後睪固酮含量減少的程度也最大。睪固酮含量會受到父親的身分所抑制，雖然分泌量在孩子出生的前幾週略微增加，但再也沒有回復到當爸爸之前的程度。生物的進化選擇了一種機制，讓男人成功兼顧單身男子與盡責父親互相衝突的需求。

＊＊＊

嗯，我想我變了。但願這是真的。我學會比以往更冷靜地面對事情，覺得人生更有目標，也變得比之前快樂多了。理論上我們應該會想，「天啊，我們做了什麼？」因為養三個小孩非常辛苦，但我們一直都非常幸運。

——湯姆（七歲）、山姆（三歲）與詹姆斯（七個月大）的爸爸麥特

我一向在新手爸爸面臨孕期時展開研究，他們一開始會遇到的問題是，有了小孩將對生活帶來哪些影響。這通常是他們一直思考的問題，大多數的爸爸並不清楚他們即將面對的情況可能會帶來重大轉變。很多人清楚為人父母對於家庭與社交生活的影響，譬如日常生活會出現變化、伴侶關係改變以及家庭的財務負擔加重。

但是對柯林等某些男性而言，他們擔心的是自己是否有能力承擔這份工作，

也就是他們能否勝任父親一職。

以身作則對我是一種困擾，因為我一直想做個成功的人，得到父母和朋友的肯定，我也希望女兒這樣看待我。所以，我不希望別人認為我失敗，也不想讓女兒長大後變成失敗的人。我想確保自己有好好照顧和扶養她，確保別人知道我是一個好父親。

——芙蕾雅（六個月大）的爸爸柯林

關於這方面最早出現的一項研究中，英國牛津布魯克斯大學（Oxford Brookes University）社會學家蒂娜．米勒（Tina Miller）追蹤一群新手爸爸進入父親身分的情況。其中一位受試者回想當初不確定自己是否適合當爸爸時這麼說：「你因為自己的技能或個性而得到工作……至於父親一職，你很容易就能得到，而且輕易得嚇人。你會想，我可以勝任嗎？我能應付得來嗎？我真的不知道。」然而，就我對新手爸爸的觀察，這種想法一閃即逝，不但不會持續造成焦慮，反而讓他們有機會重新定義自我，接受新的角色、身分或觀點。在我研究的許多爸爸發現，作為父親這件事會激勵他們增進自己的能力，以確保自己成為孩子的好榜樣，儘管在追求完美的過程中偶爾會無法達到自己設下的高標準。雖然這種自己給自己的壓力會帶來一些負面影響，但好處是，當爸爸可以提升男人的自尊心與信心。我可以說，對於絕大多數訪問過的父親而言，當爸爸的感覺就像終於找到自己的天職一樣。

即便是想像中難以接受父親身分的男性，例如年輕人或缺乏適當模範的男人，我們也會發現這個角色讓他們得以屏棄專制或不負責任的刻板印象，或是受到他們的父親所留下的影響，轉而效仿不同的模範，重新設定自己的角色與擺脫過去的陰影。

近年來，研究個別社會與文化的社會學家與社會人類學家，開始挖掘那些替所有年輕爸爸貼上不負責任與懶惰標籤的小報頭條新聞以外的資料，試圖了解社會上是否存在年輕人父的正面故事。我非常贊成這樣的做法。他們發現，某些年輕父親正徹底顛覆對孩子漠不關心或不負責任的形象，並在這個角色中得到救贖與做出改變。過去，父親會覺得自己需要盡量符合社會鼓吹的硬漢形象；現在，他們正利用這個新的角色扭轉人生軌道。例如，倫敦大學衛生與熱帶醫學院

（London School of Hygiene and Tropical Medicine）與南非的夸祖魯-納塔爾大學（University of Kwa-Zulu Natal）人口科學家發現，在黑人男性普遍控制欲強、壓迫伴侶與不照顧孩子的南非社會中，年輕黑人爸爸正在提倡新的父職觀，主張真男人不玩弄女人、不吸毒與負責任，鼓勵已婚男性賺錢養家與保護、照顧家人。在美國，擔任助產士的麻塞諸薩州大學（University of Massachusets）博士珍妮·佛斯特（Jenny Foster）指出，孩子的觀感驅使波多黎各的年輕父親捨棄黑道生活、早死或入獄的連帶風險，以確保能陪伴孩子成長、照顧與支持並作為他們最重要的榜樣。對這些年輕爸爸而言，人父的身分徹底改變了生活與未來，讓他們從幫派混混變成盡責的父親。

但是，身分改變最大的父親族群之一，或許就屬育有小孩的同性戀者，譬如賽門：

> 對於長大成為同性戀的我來說，從來沒想過要當爸爸，這點也是決定出櫃非常困難的一部分。我永遠不會當爸爸，永遠不會有小孩。顯然，我接受了這點。二十幾歲時，我完全不在意這件事。事情本來就會如此。結果，世

界變了……我們遇到彼此，很快就在一起且相處非常融洽。我們在許多方面都很幸運，有一間舒服的房子、生活無虞……這些條件正好適合讓我們育養小孩。

——黛西（六歲）和比爾（五歲）的爸爸賽門

直到不久前對大多數的男同性戀來說，成為爸爸還是遙不可及的夢想。社會對於同志領養小孩的觀感與人工生殖法規的限制，加上孩子在異性核心家庭中長大最恰當的錯誤觀念，讓許多男性明白，自己因為性向的關係永遠無法為人父母。然而，在某些國家，大眾的態度已有所轉變，人工生殖的法規也解除了限制，如今，身為同性戀的男性實際上是有可能成為父母的，原本捨棄父職身分的他們，需要重拾希望、認知為人父的責任並勇敢承擔。阿德里昂就是一個典型的例子：

我一直都想要有小孩。我記得十四、十五歲時在朋友圈出櫃。而我遇到的最大問題是，「天啊！同性戀不能生小孩耶！」這一直深深地打擊著我。之後，隨著年紀增長，我知道同性戀其實還是有可能當爸爸的。於是，我一直都非常渴望有小孩。起初，感覺有點像是，「我不能沒有留下自己的一部分就離開人世！我不能就這樣消失！」但現在，這不再是問題了。

——茱蒂（七歲）的爸爸阿德里昂

就我研究的同性戀父親而言，「父親」這個身分有時非常難為，因為他們沒有太多同性教養的例子或模範可以效仿，許多人也發現，很難在同性戀身分與明顯有性別區分的父親角色之間取得平衡。基於這些原因，同性戀者向全世界宣告自己將為人父母，不一定會得到異性戀伴侶所期待的那種一面倒的正面回應。

不過，比起異性戀者，同性戀父親在身分上擁有一個強大優勢：父職角色比較不受性別所束縛。依社會俗成，異性戀的夫妻關係中有一個母親與一個父親，而這些角色及其牽涉的所有關係都由性別定義。但是，在同性戀的教養關係中，父母的角色相對彈性，可以根據伴侶兩人的長處或傾向調整，並非依性別而定。在英國，同性戀父親的人口至今仍然非常稀少，但在我訪問過的同志爸爸都利用這個彈性建構自己的角色。對賽門與他的先生卡勒姆而言，他們依照傳統的異性戀父母的模式，卡勒姆從事全職工作、負責賺錢養家，而賽門則全心全意地扮演好他所謂「媽媽」的角色：

這顯然與文化和性別有關，但我感覺自己適合當媽媽，因為我喜歡處理家裡各種事情。我接孩子放學；他們晚上睡不著時，會要我哄睡。他們需要人照顧、安撫，或是有任何瑣事，大多會來找我。我覺得自己像個母親。

——黛西（六歲）和比爾（五歲）的爸爸賽門

相較之下，阿德里昂與諾亞利用不被性別界定的情況，扮演真正共同扶養孩子的父母，不受任何分配家務或倡導母親作為主要家長的文化規範所限制。

我們一起經歷這個過程。我們領養女兒，靠自己的力量安頓一切。我們處於同等的地位，一起去了解我們的寶寶，而不是像異性戀家庭那樣，覺得「噢，孩子在妳的肚子裡待了九個月，你們有密不可分的情感，做父親的感覺就像是外人一樣」。

——茱蒂（七歲）的爸爸阿德里昂

對於現代西方同性戀家庭中的爸爸而言，新穎的同性父母教養型態所帶來的彈性，讓他們更能成為盡責的父親。沒有數世紀文化與傳統的枷鎖，身為同性戀的爸爸得以重新定義自己的角色。

不可否認，成為爸爸這件事會改變一個人。但是，這些變化早在把孩子抱入懷中前，便已開始。隨著伴侶懷孕，進化機制使荷爾蒙與伴侶同步化，個性也會變得一致。在你撫摸妻子的孕肚、對寶寶說話唱歌的同時，建立情感的強力荷爾蒙催產素與多巴胺也開始發揮作用，驅使與未出生的孩子形成依附關係——如果你的想像力夠豐富，這項工作也會比較輕鬆。孩子出生之前，體內的睪固酮含量減少、性格轉變；對外交際、尋求家庭以外的刺激的欲望會下降，對於全新經驗與親密社交互動的接受程度則會提升。此時，你準備當爸爸、與伴侶一起養育孩子。彼此對於家庭的面貌有共同的目標與願景。你正在準備成為一位父親。

一切的科學機制背後的現實意涵是：倘若你在伴侶懷孕的九個月中置身事外，之後就有可能嘗到苦頭。你現在為了與寶寶培養感情所付出的努力，在未來寶寶出生後，就能得到千倍、萬倍的回報。因此，無論你感覺多麼可笑，都應該試著對胎兒說話，跟他／她聊天、唱歌給他／她聽，還有摸摸他／她。如果你喜歡英國喬叟（Chaucer）的故事，就唸給寶寶聽，只是要讓他／她聽聽你的聲音。試著想像寶寶的模樣，他們會是什麼個性？長得像爸爸或媽媽？你們會一起做哪些事？你會是哪一種父親？趁現在還不用照顧新生兒時，可以花時間與伴侶、家人、朋友聊聊；寶寶出生後，生活將會如何，以及可能會怎麼做。擔心即將出現的變化是正常的，但萬一你的心情從擔憂變成焦慮，便應該與親近的人或健康與社福專業人員談談自己的想法和恐懼，或者到網路上尋求他人的協助。本書末有列出一些實用的連結。記住，現在照顧好自己，代表未來能在寶寶出生之後提供完全的支持，為你的新角色、新家庭與新生活全心奉獻。

第三章

成為父親的重要性

從生物學以外的角度來談

納雅人（Nayar）是印度喀拉拉邦（Kerala）的高級種姓。進入青春期前，族裡的女孩會嫁給種姓同等或更高階的男人，然後迅速離婚。她們到達生育年齡時，可以跟多數人交往，其中任何一位都可能是她的孩子的生父。然而，儘管將這些男人稱為「作客的丈夫」，但就這些男人而言，這不過是情婦與姘夫的關係。因此，他們無須照顧子女，而為了確保繼嗣的正當性，家族將這些孩子的生父視為女孩的前夫。不過，由於生父早早就消失無蹤，因此孩子母親的男性親屬（通常是舅舅）會成為「社會父親」，扮演教導與保護孩子的角色。有什麼可以解釋這種在西方人眼中奇特至極的安排？

納雅人屬於母系社會。權力與繼承權在女性之間代代相傳，但仍掌握在母系的男性親屬手中。身為高級種姓，納雅人擔心自己的地位會因財富與權力，大量流入孩子生父的家族世系而受到危害。因此，發明了這套奇妙的制度，確保生父貢獻基因之後就消聲匿跡，以及所有的孩子——就未來的婚姻財產與勞力而言是家族的寶貴資產——受到母系的控制，但生命中依然有父親這個重要人物。

父親是人類文化中不可或缺的要素。這麼說指的不是他們在繁衍後代上的角色（你不需要一本書來告訴你，父親對於人類生命的創造有多重要），而是在家庭與社會中所扮演的角色。在西方社會，人們將生父擺在優先地位，且難以接受其他人擔任這個特別的角色。但是，不同於角色幾乎因生理構造而定的媽媽——她們就算不哺乳，也必須照顧發育中的寶寶——比起父親的最佳人選來得更彈性。這表示在社會中，父親的角色不一定只限與孩子有血緣關係的人，或者只能由一個男人擔任。基於歷史、意識型態、文化、法律的多重影響以及確保基因的繁衍，定義了父親的存在。透過這些因素複雜的結合，使世界各地的父職角色極其多元。

在本章，我希望探討世界各地父親的角色，了解哪些人努力得到「父親」這個令人垂涎的頭銜。你可能會問，其他地方的父親跟我們有什麼關係？與其研究剛果某個偏遠部落的男性的教養經驗，把時間拿來督促孩子讀書、清理冰箱或看電視，不是更好？請放心，這麼做是值得的。這些父親對我們別具意義，原因有二。第一，在西方父權不是我們最初認定的那種鐵律。沒錯，我們接受核心家庭的模式，如今也視為規範，但常規總有特例，譬如繼親家庭[1]與收養家庭。隨著社會越趨開放、人工生殖技術日益進步，扮演「父親」角色的人選也變得更為多元。因此，我們可以從其他文化的父親身上，學習不同父性的態度與行為。第二，為了尋求寬慰與肯定。在許多文化中，人們對於血緣關係的執著會引發深刻的困惑。在社會裡父親會挺身而出並善盡本分，他與孩子是否有血緣關係，其實沒有什麼影響。如果扮演好父親的角色，就會得到好爸爸的名聲與珍貴的社會認同。對於越來越多不一定是小孩生父的爸爸，我希望其他「社會上」的父親經驗能有所幫助。

自人類父性誕生數千年來，我們的祖先想必在環境與財富上，經歷了許多危害生存的變遷。他們抵抗劍齒虎的襲擊、忍受冰河時代籠罩地球的劇烈氣溫變化、跋涉未開發與無人居住的土地，與原始人類的敵對物種爭奪主導權。這一切讓先人在保護孩子不受氣候、侵略與環境所危害的同時，承受了龐大的壓力。我們的祖先成功地存活，人類也繁衍不息，這是因為我們能夠調整自己的行為、文化、特別是環境，來回應各種威脅。其實，今日仍是如此，而且因為母親忙著應付懷孕與生育的體力消耗，父親必須迅速適應挑戰並捍衛家庭。有時候，這意味著「爸爸」的最佳人選不一定是孩子的生父。

想想生活在英國、歐洲或北美洲的現代爸爸。如果他是典型的父親，就會渴望盡可能照顧孩子，目標是與伴侶共同養育小孩。希望與伴侶一同支持、教導、培育與照顧孩子。但是，他為何選擇這個角色？這麼做或許是出於個人因素，不願像自己的父親對孩子漠不關心。或者，受到當爸爸的名人在媒體上不斷曝光的影響，如英國足球員大衛・貝克漢（David Beckham）與好萊塢演員布萊德・彼特（Brad Pitt）似乎能夠兼顧成功的事業、模特兒般的姣好外貌與無可挑剔的育兒技巧。當然，父母共同教養孩子的趨勢，部分是因為社會對於父職的觀念改變，越來越多人理解父親能為子女的成長帶來關鍵影響。然而，這只是冰山一

1 父母其中一方帶著之前婚姻所生的子女與他人組成的家庭。

角。柯林的經歷也許能提供一些指點：

我請了兩個星期的育嬰假，但我覺得應該要請更多天，因為教養小孩不會在兩星期後就結束。伴侶仍然需要你幫忙，寶寶也需要，所以我認為男性應該有更多育嬰假。由於茱莉有脊髓液滲漏的問題，我們經歷了一段難熬的日子，有兩個禮拜我忙得不可開交。她身體不太舒服，所以我負責打理所有事情，之後我回去上班，變成她忙得水深火熱，而我突然間就像沒有小孩的人一樣，失去生活重心。之前我習慣獨自一肩扛起所有事情。

——芙蕾雅（六個月大）的爸爸柯林

我的母親在七〇年代生下我，當時婦女生產後通常都會留院至少一週的時間，即使分娩過程順利也會如此。助產士對比孕婦的高比例，意味著孕婦在學習哺乳與照顧新生兒時，能得到充分的幫助。每天晚上寶寶在育兒室過夜的安排，能讓媽媽在回家之前獲得充足的睡眠。現今的情況大為不同。在英國，如果媽媽生產順利的話，產婦和寶寶通常得依規定在當天出院。沒有專業人員會溫柔地指導她們如何照顧孩子。由於工作關係，很多人並未與父母和大家庭同住，這表示他們在少了助產士的協助下，沒有親人可以幫忙照顧小孩，必須靠自己。因此，媽媽休養身體的同時，唯一一個可以幫忙照顧孩子的人就是爸爸。看到這裡，你是否想起了五十萬年前的海德堡人？同樣地，父親必須利用角色的彈性滿足剛組成的家庭的需求，在伴侶需要時分憂解勞並確保子女能健康長大。

生存是父親關注的焦點，之後也會探討父親在孩子一生中如何做到這件事。但就最基本的層面而言，父母的任務是從懷孕的那一刻起全力保護他們的基因，人類父親也是一樣。在西方，當基因受到威脅時，一般都是孩子的生父挺身而出；但在其他國家，爸爸很有可能無法活著看自己親生小孩長大，使得父職的難題出現一個截然不同的解決方法。

南美巴拉圭的亞契人（Ache）在人類學界以兩個主要特色著稱。首先，他們的社會極度暴力，長年與鄰近部落打仗。第二，他們展現相當罕見的父職形式——孩子擁有一個以上的爸爸。這種在南美洲頗為普遍卻未見於其他地區的教養方式，代表孩子不但有一個生父，還有數個「社會父親」。社會父親扮演父親的角色並承擔所有關於孩子的人生，但不涉及懷孕的事情。因此，他可能與孩子有血緣關係，譬如是孩子的舅舅、叔叔或伯伯，但並不是孩子的生父。亞契人的社會鼓勵男人與女人結交多位性伴侶，女性與多個家族中的所有兄弟發生性關係是常有的事。重點是，亞契人不認為受孕是單一事件，而是在孩子出生之前長時間持續的事情。對他們來說，在距離孩子母親月經停止來潮最近的時間點（或是她們發現「陰道停止出血」時）與她發生關係的人，就是孩子的生父。然而，在孩子出生那年與孩子母親發生過關係的每一個男人，都會被視為孩子的父親。部族裡的大人會區別這些男人的差異以釐清狀況——像是在追情節錯綜複雜的日間肥皂劇——但特別的是，孩子將會以同一個詞彙來稱呼他們。不同的男人所得到的標籤指明了他們在女人受孕過程中的角色——「miare」是「將精子放入子宮裡的人」（生父），「peroare」是「讓精子與卵子結合的人」，「momboare」是「射精的人」，「bykuare」是「提供精子的人」。這是一種真正的合作行為。一開始，他們期望被標記為孩子生父的男人（miare）能作為孩子的主要父親，儘管這個角色的詮釋方式與西方差異甚大。他不會像現代西方爸爸一樣照顧孩子、與孩子培養感情。相反地，這個父親的首要責任是防止家人在摧殘部落的頻繁突襲中遭到殺害。如此的角色選擇使他很有可能在戰爭中喪命，讓孩子失去父親。

亞契人的死亡率出奇地高，而沒有父親的孤苦無依孩子，極有可能遭到入侵的部族所殺害。征服其他部落的男性不會想要扶養他人孩子，因此經常做出殺害嬰兒的暴行。有鑑於這個真實的死亡威脅，孩子顯然不只需要一位父親。因為，假如主要父親死了，還有次要或社會上的父親可以接續扮演父職角色及保護孩子。社會人類學家金．希爾（Kim Hill）與瑪格達萊娜．烏爾塔多（Magdalena Hurtado）多年住在鄰近亞契族的地區，他們發現擁有次要父親的兒童存活率為百分之八十五，只有一個父親的兒童存活率僅百分之七十，差異甚大。亞契族的每個孩子平均有兩位父親，但也有一個人有十位父親的例子。因此，亞契人並沒有自由戀愛的意識觀念，他們對於濫交的重視是務實的生存策略。亞契族透過混淆父權的方式，鼓勵男人基於自己可能是生父的渺茫機會來保護部落的孩子。最有可能是，孩子的生父會忍受另一半與多名男性發生關係——這種行為顯然正好違背了演化動力以確保父權——因為在飽受戰爭蹂躪的世界裡，可以讓他的基因得到最好的生存機會。

因此，親生父親的身分只是滿足孩子對父親的需求的一種方式。雖然沒有太多社會跟隨亞契族的制度與推崇一子多父的優點，但許多人遵循這樣的傳統，意味著，孩子的單一父親可能是社會父親，抑或親生父親。在這樣的社會與許多類似的文化中，親生父親會為了孩子以及最重要的基因著想，（自願或被迫）離開他的家庭。因此，在納雅人的部族裡，孩子的生父樂於將自己的角色讓給其他男性，因為他們知道，在母系意識強烈的社會中，孩子待在母親的家族會比自己保護，擁有更多生存與成功的可能。他們放棄陪伴孩子，將父親的角色讓給孩子母親的男性長輩，這麼做可以讓他們的孩子享有所有必要的財富與政治資源，確保在階級分明的印度社會中出人頭地。

納雅人與亞契人的父職實踐圍繞著一個理念：「父親」在孩子的一生中可以代表許多事物，甚至由許多人擔任。最終重要的不是血親關係，而是有一個父親的角色確保孩子的生存。然而，不只地處偏遠的部落保留這種做法。

在西方，可能也會在巴拉圭的森林或印度廣闊的土地上，發現社會父親的存在，只是他們的稱呼不同。假如請一個南非小孩談談自己的父親，很快便會發現，雖然他們不斷說著爸爸如何陪伴長大，指的卻不一定是親生父親。在針對南非黑人父親的研究中，西開普大學（University of the Western Cape）的科帕諾．拉特爾（Kopano Ratele）、塔瑪拉．舍費爾（Tamara Shefer）與琳賽．

克洛斯（Lindsay Clowes）指出，成年子女非常清楚生父是誰，但其角色不受血緣關係或西方核心家庭的觀念所束縛。大家庭是關鍵。其實，傳統上孩子的生父通常有很長一段時間因出外打拼賺錢而不在家；照顧與養育小孩及以身作則教導孩子的責任，便會落到孩子的祖父、爺爺、叔叔、伯伯、舅舅和家族裡其他男性成員。這不是因短時間沒工作的暫時性方法，而是一種常態——當為人父者變成爺爺時，他們會幫助兒子扶養孫子長大。對這些家庭的孩子而言，這種安排再理想不過，因為他們擁有一大群長輩與父執輩的支持，而這些人的重要性會隨孩子不斷變動的需求而增減。就許多人來說，比起完全依賴一個生父來說是個優點，因為不同的父親可以教導孩子不同的技能。近年來，南非國內的家庭危機引起熱烈討論，許多人主張，這個問題有部分是孩子缺乏親生父親照顧的文化所致。但就如拉特爾與其同事所言，倘若我們暫時跳脫父親與家庭的狹隘觀念，就會明白，許多南非兒童確實有父親照顧。事實上，他們受到一大群的父親所庇護。

許多情況下，這些非西方與新興工業化國家的案例所凸顯的非核心家庭體制，已有數世紀的歷史，而之所以受到關注，正是因為與西方注重的親生父母教養形成強烈對比。然而，在今日的英國，父親基於一些原因可能與孩子沒有血緣關係，像是因為不孕而求助精子銀行、領養小孩，或與同性伴侶一同扶養。那些由女同性戀伴侶與男同性戀精子捐贈者及其伴侶共同撫育的孩子，同時擁有生母、生父及社會上的母親與父親。科學與社會的改變，讓過去無法想像自己當爸爸的男人，得以實現長久以來成為人父的夢想。但是，雖然所有父親都可能經歷充滿挑戰與喜悅的父職過渡期，但社會父親會面臨額外的難題——如何在堅決支持生父地位至高無上的社會中，維護自己的父權。

二〇〇五年以前，在英國經由供精人工授精（donor insemination，DI）所誕生的孩子，無權得知任何有關生父身分的事情，所有對精子銀行的捐贈也都匿名處理。當局設立這項規定，是因為人工生殖必須優先維護核心家庭的完整及男人作為父親的角色。過去，人們認為社會奠基於核心家庭之上，如果精子捐贈者的身分曝光，將會危及社會父親在家庭中的地位，這麼說一點也不誇張。如果精子捐贈者真的有可能突然出現，在未來的某一天變成現實角色，那麼進行人工授精的家庭便會不斷受到這個難以捉摸的第三個家長所威脅。透過人工授精生育的爸爸與孩子沒有血緣關係，但若他們清楚自己是唯一受到認可的父親，便有可能接受事實，並選擇將實情告訴孩子與公諸於世。然而，有鑑於越來越多人了解基因遺傳與承認人工授精所生的孩子，有權知道體內的基因會為自己帶來什麼影響（尤其在先天性疾病方面）。因此，英國政府遂修改法規，明定二〇〇五年四月一日之後經由人工授精技術出生的孩子，在十八歲成年時有權知道生父的資訊。

這項法規的修訂使當事人與社會必須努力面對一個事實，就是父親的角色不一定只由一人扮演，而是可能由缺席孩子成長過程的親生父親與扶養孩子長大的社會父親共同擔任。其他社會或許早已接納並延續這個觀念，但在西方，這需要打破數百年來核心家庭的意識型態，未來的改變並非易事。在家庭層面上，對於每天都會遭遇這項挑戰的人工授精生子的爸爸，有一些方法可以應對。在針對紐西蘭人工授精父親的研究中，坎特伯雷大學（Canterbury University）性別研究學系（Department of Gender Studies）副教授維多麗亞．葛雷斯（Victoria Grace）與其同事發現，受試者對精子捐贈者的態度相當矛盾。一方面，這些爸爸十分感激捐贈者的無私奉獻，但反之，他們認為捐贈者若出現在現實生活，會威脅到自己的家庭。對許多父親而言，面對這種緊張局勢的出路是否認捐贈者的存在、貶低其貢獻，或是在談到他的時候戲謔地含糊帶過。由葛雷斯引述的受訪父親表示，「他捐了精子，我和他再也沒有關係」；另一位則說，「我不知道捐贈人的長相，也不認識他的個性。」

然而，當孩子與父母開啟了關於相似之處的話題時，問題就浮現了。每一位父母都喜歡討論孩子遺傳到自己哪些突出、古怪或討人厭的特徵，而當孩子在生物特徵上像爸爸或媽媽時，這種討論便無可避免。對於這些家庭的社會父親而言，這可能會讓他們想起自己不像伴侶（無論男性或女性）那樣與孩子有基因上的關聯而感到不悅。就異性戀伴侶而言，這是孩子的母親與另一個男人共有的基因連結。面對這種問題，某些家庭會強調孩子從社會父親身上學到的行為（譬如說話的方式或舉止習慣），其他家庭通常會在小孩展現父母兩人所沒有的興趣或傾向時，坦然接受孩子從不曾出現的第三位家長繼承一些才能或特徵的事實。其實，一些伴侶會將精子捐贈者是窮苦醫學院學生的老生常談看成一種好處，認為這樣可以增加生下聰明小孩的機會。某些伴侶則試圖尋找與社會父親擁有相同生理特徵的捐贈者，希望盡可能讓孩子與非親生父親有緊密的連結——以利將來主張父親與孩子之間確實有遺傳關係。社會科學家露西．費利斯（Lucy Frith）研究美國的非親生父母發現，除了確保孩子的健康之外，非親生的女同性戀母親在選擇精子時主要會考量捐贈者的興趣，至於非親生父親則會優先考慮膚色、體型與身高。非親生的社會母親無法掩蓋與孩子無血緣關係的事實，但非親生父親會盡量讓孩子與自己在外貌與生理特徵方面相近以模糊界線，有鑑於此，這種在選擇精子上的明顯性別差異就不難理解了。

透過人工生殖獲得小孩的爸爸，之所以得歷經掙扎才能接受自己作為社會父親而非親生父親的角色，部分是因為社會不認同父親由兩個以上的人分飾的概念。在亞契族、納雅人與南美當代的族群中，支持父權可能為多人共有、同時有親生與社會父親，或是兩者皆有的觀念，且認為十分正常；但西方社會並未給予社會父親肯定。或許是個人的性格與經驗加上大家庭的期望與看法，決定社會上父親如何扮演其角色。一種極端的情況是，爸爸樂於承認精子捐贈者的存在及他對自身家庭的貢獻；反之則是一些難以接受另一個人對於孩子的誕生具有功勞，甚至嚴重到偕同伴侶決定不告訴小孩真相，拒絕讓他們了解自己的身世。屬於後者情況的爸爸通常會擔心，如果讓小孩知道事情真相，他們就不會再將他視為父親，或是如果與孩子的親生父親見面，將會危害自身父權。

不論家長決定是否告知真相，在西方社會裡作為社會父親（通常都違背時代精神），顯然都是一項牽涉複雜情感與心理的任務，正因如此，社會父親值得我們體諒、認同與支持。

對於選擇人工授精的異性戀伴侶，親生父親與社會父親間存在一段實際的距離。然而，在同性伴侶之中，社會父親與親生父親是有可能共存的。而且，只有一人是孩子親生父親的事實意味著，同性戀男性想當爸爸遠比絕大多數的異性戀男性更身不由己。他們有許多選擇要權衡，也需要做出許多決定。不只需要找到合適的代理孕母（要雇用代理孕母，或是私下與女性友人或女同性戀伴侶達成協議），還得討論父權的依歸（指定誰是親生父親與社會父親，或者是否考慮混淆父權的可能性）。在針對同性戀父親的研究中，澳洲社會科學家黛博拉．鄧普斯（Deborah Dempsey）提出幾種讓男同性戀伴侶兩人同樣有機會成為親生父親的方式：進行混合精液的人工授精；培養試管嬰兒，將伴侶兩人的精液注入不同的卵子，並將兩顆卵子都植入代理孕母的子宮內；伴侶兩人每個月輪流捐精，直到代理孕母懷孕為止。男同性戀伴侶在某種程度上透過這些方法混淆父權，仿照異性戀伴侶兩人受孕都有生物貢獻的生殖過程。然而，如此大費周章地混淆生父的身分，凸顯了一些同性戀父母將身為孩子親生父母看成終極獎勵，以及將社會父親視為次要角色的心態。在伴侶某一人明顯是社會父親的情況下，許多同性戀父親竭力讓育兒的天秤「重新回到平衡的狀態」。某些家庭中，社會父親在孩子的出生證明上被列為合法的父親；而在許多情況下，即使家長知道孩子生父，仍會盡量保密，甚至不讓孩子知道事實，以確保自己在家庭中得到同等的尊重。

身為同性戀的男性必須走出伴侶關係才能為人父母的事實，表示他們組成的家庭永遠無法抗衡一個家庭會有媽媽、爸爸、平均二點四個小孩與拉不拉多犬，這種常見於西方社會的傳統刻板印象。他們隨時都在挑戰人們認為親生父親不同於社會父親、甚至更為優越的觀念。在《同性戀期刊》（*Journal of Homosexuality*），挪威卑爾根大學（University of Bergen）的托爾．富爾傑（Tor Folger）描述由五位成人與兩個小孩所組成的家庭，包含一對女同性戀伴侶（其中一人是孩子的親生母親）、一對男同性戀伴侶（兩人都是孩子的社會父親），以及一位孩子的親生父親，這個人不介入孩子的生活，但知道他的存在，想要的話也可以找他。托爾的研究對象巴德與他的伴侶選擇不使用自己的精子生育，因為他們擔心這麼做會破壞彼此間的感情。有了精子捐贈者，他們兩人在家庭中擁有相等的地位，都是兩個孩子的社會父親。有趣的是，小孩一出生，他們的看法徹底變了，因為他們意識到自己與孩子的感情奠基於陪伴與付出，而不單純是血緣關係；之前執著於成為孩子生父的渴望因此消失無蹤。

我從不相信血濃於水。以前我在想，如果要有小孩，我會領養。我的心意非常堅定，因為我覺得世界上的小孩已經夠多了。我從來都不認為孩子必須是自己親生的……家人聽到我的想法都嚇壞了，但我心想，我是這麼棒的一個人，即便如此，我的孩子還是相當調皮，所以是不是親生的一點也不重要！

——茱蒂（七歲）的爸爸諾亞

某些國家的領養法規放寬限制，讓男性同志伴侶也有資格領養小孩，意味著世界上有越來越多家庭的兩位家長都是社會父親。在美國截至二〇一五年，估計有六萬五千五百個孩子由同性伴侶領養，而領養小孩的男性同志伴侶的人數，從一九九〇年的百分之五上升至二〇〇〇年的百分之二十，增加幅度大且快速。在英國，自二〇〇六年統計以來，已有兩千三百一十七名孩子由同性或異性伴侶領養。對於我研究的男同性戀爸爸決定領養小孩背後的動力，是相信血緣關係不會勝過以養育、照顧與疼愛為基礎的關係，而在英國，等待領養的孩童人數驅使同性伴侶無須考慮便選擇領養，而不是找代理孕母；有這麼多小孩需要溫暖的家，何必生更多的孩子呢？在英國領養並不容易，需要願意讓自己的生活與精神受到嚴格監視、參加課程、完成自我反省與實作的功課，並且證明自己「愛小孩」。在做這一切時，並不知道未來是否會出現適合的小孩，也不知道不久後得面對如何在缺少（設想中）能踏實、沉穩地照顧孩子的母親的情況下扶養小孩等問題。但是，儘管面臨這些附加的挑戰與問題，我訪問的男同性戀養父卻認為這是人生中最美好與值得的經驗，一點也看不出他們與小孩並無血緣關係。

阿德里昂：「我們的鄰居會說，『噢，你是很棒的家長。』我知道他們的意思是女兒很棒，不過一直聽到身為父母的『兩個男人』這種話。」

諾亞：「別人都是一副說教的態度，而且很常看到這種嘴臉。他們會提出很多問題，像是『誰負責什麼事』、『誰來……』。」

阿德里昂：「還有『誰當媽媽』。」

諾亞：「是啊！茱蒂也會被問到『誰當媽媽』這個問題。」

阿德里昂：「有些人會說『就我們對你們兩個男人的認識，會以為你們把她帶回家之後，就放在紙箱裡讓她自生自滅……』，但實際上，我們一直對扶養小孩有一些想法。」

諾亞：「而且我們非常喜歡照顧小孩。這是我們生命中最美好的事情。」

——茱蒂（七歲）的同性雙親諾亞與阿德里昂

隨著本書的開展，我希望你們越來越了解父親扮演的各種角色、受到的諸多影響，以及孩子多麼需要他創造有助於生活、成長與茁壯的世界。如果你是一位社會父親，希望書中描述的爸爸的經歷能夠引起你的共鳴。雖然你也許會在意自己與孩子沒有血親關係，但是你應該敞開心胸，與身邊的親朋好友或有類似經歷的人討論。不過一旦你投入作為父親的日常工作與經驗，這些擔憂將會消失，而你會明白做這些事的同時，你就是一位父親。對許多男性而言，真正的父職從孩子出生的那一刻起便已開始。

第三部

出生

第四章 父親的誕生

父親的身分、孩子的出生、健康與幸福

男人走向一棵樹，眼睛直盯著前方的地面。樹根的旁邊有一堆木柴。這堆木頭排成金字塔的形狀，外圍有大量的荊棘保護。男人蹲踞在木柴旁開始挖洞，挖出一個小而淺的洞之後，他從袋子裡拿出一個用白色亞麻布裹著的包裹。他拆開包裹，露出半個椰子殼。椰子裡有一個多肉、粉紅色的巨大物體——胎盤。他把椰子殼與胎盤放在洞裡，用土壤把洞填滿。最後，他撥開荊棘、拿起木柴，在淺穴上方生火。他點燃火堆，人往後退，看著火焰在一根根木柴上竄燒。之後，他將讓柴火燃燒一陣子，也會日夜定時回來巡視，確保火堆持續不滅。過了五天，他回到原地掃除餘燼，從洞裡挖出椰子殼與裡面的胎盤。這一次，他將把胎盤埋

在住家附近的街角。這個男人是一位新手爸爸，而椰殼裡的胎盤屬於他剛出生的兒子。

這個男人是現今泰國馬來人（Thai Malay），來自西南部沙敦府（Satun）美麗的沿海地區。沙敦人相信胎盤是寶寶的兄弟姐妹，與寶寶的命運緊密交織。他們將胎盤埋在村裡，藉此維繫孩子與部族的情感，不論未來如何，孩子都不會希望永遠與孿生手足分離。然而，胎盤埋葬的確切位置依孩子的性別而定，由此也可見該文化流傳的嚴格性別規定。父親會將兒子的胎盤埋在離家最近的街角，鼓勵孩子到村外的世界打拼；女兒的胎盤則會盡可能埋在離家近的地方，因為女兒未來的歸宿是待在父母身邊。將埋葬胎盤的儀式視為神聖不可侵犯。除了維繫孩子與血系和家族的關係，此儀式也在捍衛孩子未來的幸福。因此，一個男人在前往埋葬地點的途中，不得因周遭事物分心，以免孩子患上眼疾。此外，胎盤也不可埋在太靠近水的地方，以免孩子腸胃出現問題。

當爸爸並非一時，而是一段過程；這個過程可能在小孩出生前就已展開。這時可能會出現想擁有小孩的渴望，並且持續到孩子出生後的好幾年。但是，在懷孕生子的過程中是特殊階段，爸爸會逐漸認知到全新的未來與角色。此時是人生的關鍵標記，父親的注意力會從「我」轉移到「我們」，而其人生在各方面將徹底且永遠地改變。

在本章我希望探討爸爸在孩子出生時的經歷。雖然在許多文化，出生是舉行儀式的時刻，但在西方通常都是關於醫院、醫生、預約和文件。這對父親的經歷造成影響，在某些情況下會使他難以面對新的生活與身分。我希望找出這些問題的根源與後果，以及如何盡量讓新手爸爸在過程中保持正面與快樂的態度。

「產翁現象」（couvade）一詞源自法文「couver」，意指孵育下一代，人類學家以此描述社會中的男人成為父親時，所經歷一系列的儀式以及身心產生變化的現象。人們認為這些起源於古埃及的事件與經驗十分重要，因為可以幫助無法實際參與懷孕過程的為人父者進入新的角色，鞏固他們在家庭裡的地位與聚集族系的支持。因此，這些過程在幫助男性面對父親身分的實際與心理影響上，發揮重大作用。

產翁現象分為兩種不同的行為類別。第一種行為屬於擬娩儀式，是男人為了讓自己更投入妻子懷孕與小孩出生的過程，以保護妻兒或鞏固新生兒在部族裡的地位而有的動作。這些儀式標誌著當爸爸對男性而言，是一種改變人生的經歷，以及孩子的出生關乎個人及整個部族。因此，沙敦男性在孩子出生後不只會進行埋葬胎盤的儀式，還會在漫長的孕期中攬下實際工作，以在寶寶一出生時幫忙妻子，像是搭造木床「khrae」，也就是媽媽在生產完將與寶寶連續待上四十四天的地方。這段期間，爸爸會不斷燒柴生火，讓媽媽與寶寶取暖。

為什麼產翁現象是人父的重要經歷？對母親而言，她與孩子之間的連結根源自肉體、牽動五臟六腑。至於父親與孩子的連結在於社交層面，由他們之間的正面互動及社會對於父親角色的認同所形成。藉由擬娩儀式，他公開披上象徵父親身分的標誌，或許更重要的是，向社群尋求支持與協助以順利從男人蛻變成人父。此外，許多儀式也與未來對於孩子的保護和支持有關。想像那位泰國男性在街角埋葬兒子胎盤的情景。他這麼做是為了保佑孩子身體健康、鼓勵孩子效忠部族，埋藏的地點也反映出他對孩子向外發展的期望。這些願望反映了我將在本書一再提及的兩個主題，就是無論時間與環境的挑戰多麼變幻莫測，每一位父親角色的核心任務，都是確保孩子的生存與教導及提供指引，讓孩子長大成人後可獨立自主、順利成功。

諸如沙敦人遵循的實踐曾一度廣為流傳。但是，隨著分娩的醫療化，即便在偏遠地區，實行這種儀式（尤其是生產）的機會已越來越少。對於傳統上被排除在生產以外的泰國男性而言，今日成為父親的那一刻，更有可能的是處理醫院內繁雜的手續流程與填寫無數的表格文件，而不是小心翼翼地取出胎盤加以埋葬。如今只剩下選擇在家分娩，或是有自信與時間處理從醫院帶走胎盤的繁文縟節的人才會實行此儀式。不過，這些儀式絕跡之後，在社會留下了一種驚人的生理現象，或許是男性的身體對於成為父親的深刻情緒與實際經歷所產生的反應。

生小孩徹底改變了生活！很明顯可以這麼說，事實的確如此……我不知道之前都把時間花在哪裡或做了什麼，因為現在我似乎一點時間也沒有！我的意思是，有很多事情要做，像是在深夜和大清早起床餵奶，接著忙東忙西。

——佛萊迪（六個月大）的爸爸狄倫

如果你是父親，一定對狄倫的經歷不陌生。照顧孩子必然會打亂日常作息。你需要兼顧工作與家庭，因此一有機會就狼吞虎嚥，一夜好眠成為美好而遙遠的記憶。對大多數人而言，這些生活型態的變化會影響生理——體重增加。經常上健身房或週日早晨踢一場足球的日子已不復見，取而代之的是碳水化合物、高脂與高醣飲食，讓你有體力撐過漫長的一天與零碎的睡眠。但對某些人來說，即將到來的父職對生理健康所造成的影響更加嚴重且明顯。可能會引發胃痛、拉肚子、無精打采和食慾不振。如果出現這些問題，就是產翁現象第二種行為的表現——「擬娩症候群」（couvade syndrome）。

擬娩症候群是種難以判定的現象，會產生各種症狀，大多出現在消化系統，但也可能產生肌肉痙攣、性慾低落與牙痛。因此，這種疾病很難診斷，且男性的抱怨通常也會遭到忽視。如此的後果是人們不了解這個疾病在現代人身上的好發程度；根據世界各地的研究估計，擬娩症候群的發生率介於百分之十一至百分之五十。我們確切知道此現象主要出現在工業化社會。最有可能發生在迎接第一胎的爸爸身上，而且以第一與第三孕期最為嚴重；症狀往往在寶寶出生後就會消失，某些父親與人格類型也比其他人更容易罹患。第一次當爸爸的青少年、成長過程中缺乏父愛的男性及伴侶意外懷孕的男性，患病的機率高於常人，與伴侶感情融洽且極具同理心的男性亦如此。此外，渴望密切參與伴侶懷孕過程的男性比較有可能（在身心上）罹患。

這些男性有一個共通點，他們對於當爸爸可能都深感焦慮。就青少年或單親家庭的男性而言，年紀過輕、經驗不足或缺乏適當的父職模範，意味著他們比多數人更容易因為父親的身分而感到不安。對於意外有小孩的爸爸來說，他無法享有計畫懷孕所帶來的漸進父職過渡期，而且必須在短時間內接受自身處境出現不可預見，甚至負面的改變。與伴侶關係緊密、能夠將心比心的男性，可能會對伴侶的一些憂慮、煩惱與壓力感同身受，導致心理狀態顯現在生理上。其實，加拿大紐芬蘭紀念大學（Memorial University of Newfoundland）的心理學家安娜・斯托里（Anne Storey）與其同事早已發現此現象的生理證據。在針對三十四名加拿大新手爸媽的研究中，即將成為爸爸的男性出現二至三種擬娩症狀，不只因睪固酮分泌量減少與泌乳素（prolactin）增加，更能體諒伴侶的辛苦與回應孩子的需求。同時，他們的伴侶體內的皮質醇（cortisol）含量也升高，顯示她們在懷孕期間承受巨大壓力，而此狀態很有可能也投射在男性身上。

擬娩症候群的存在與為何是大多只見於已開發國家的現代化現象，依然令人費解。對此，人們多次嘗試提出解釋，從男性羨慕女性能夠懷孕、到嫉妒胎兒與媽媽關係親密等各種論點都有。對我來說，原因顯而易見且根基於爸爸的日常經驗。父親的擬娩症狀無意中顯露，因為他在這個關鍵的發展階段缺乏認同與支持。那些希望密切參與伴侶的懷孕過程，或是由於人生經驗不足或缺乏適當模範而格外需要協助的男性，尤其容易欠缺這樣的認同與支持。擬娩儀式——如同前述泰國父親的影響——使男性得以在妻子懷孕與生產時扮演獨特角色，不只向部族展現自己的新身分，也表示自己需要支持。他們在確立社會要求的角色與對父職義務的認識中獲得安全感，以及其角色的重要性得到部族的認可。在社會、商業與醫學等領域只關注母親角色的西方社會中，公開擬娩儀式的缺乏意味著父親難以確立角色與獲得父職經驗的認同與支持。這有可能導致更嚴重的焦慮感，進而產生擬娩症狀。這種缺乏認同的感受在史蒂夫的產前照護經驗中清楚可見：

我陪妻子去檢查，她坐在椅子上，助產士拉起我前方的布簾，妻子說，「沒關係，他可以看。」助產士回，「喔，好。」我心想，我是她先生……再過不到一個月，我就會看到生產的所有過程。那位助產士的表情有點尷尬，好像我不應該在那裡似的。

——安娜（六個月大）的爸爸史蒂夫

這些年來我跟許多新手爸爸聊過，很明顯地，除了感到興奮、驕傲與恐懼外，像史蒂夫這樣的大多男性，都發現自己被排除在懷孕與生產的經驗之外。隨著懷孕與分娩的醫療化，許多值得以公開儀式宣示意義的過程從部落消失，場景則換成了醫院。因此，男性沒有機會得到大眾對於父職角色的認同。儘管爸爸進產房陪同分娩已有近四十年的傳統，但他們遭到排斥的情況依然常見。當醫生為產婦進行檢查時，身為爸爸的他們被要求在外等候；關於生產或產後護理的問題，完全只考慮媽媽；伴侶被匆匆帶去緊急手術時，他們只能任憑腦袋肆意地想像最糟的情況。這種單純考量媽媽的做法，損害爸爸的身心健康——許多男性表示，他們感覺自己像個冒名的頂替者或是多餘而不受歡迎的一分子。不幸的是，這種遭受排擠的狀況經常是我與受訪的爸爸談論的話題：

我坐在那兒想著，我顧妳顧得很累，整個早上都病懨懨的。沒人問我過得好不好，從來沒有人這麼問。別人都覺得男人沒那麼脆弱，即便在女人懷孕的過程中也是如此；畢竟，寶寶不是我生的，可不是嗎？

——莉拉（六個月大）的爸爸西奧

令人驚訝地，這些經驗是最近發生的事，而且國內外已有父親以同為家長的身分全程參與懷孕與分娩過程是最佳做法的觀念。在世界衛生組織與聯合國等聲望崇高的機構所公布的無數報告中一再重申，為了媽媽、寶寶及爸爸著想，有關懷孕與生產的所有決定和過程都應讓爸爸全程參與。其實，一些近期研究指出，全程參與產前保健與分娩的爸爸，有助於母嬰的健康與家庭的長期發展。然而，這些報告似乎未能影響現實世界的做法。身為孩子的父親，感覺卻像個旁觀者的現象，不僅是我在英國訪問的爸爸的心聲，也是西方社會的普遍問題。在針對九個國家（包含英國、瑞典、美國、日本、南非與紐西蘭）女性懷孕與分娩的分析中，英國切斯特大學（University of Chester）助產學教授瑪莉．史蒂恩（Mary Steen）歸納了人父的經驗，指出他們處於病人與訪客之間的灰色地帶。他們並未經歷需要醫療介入的生理過程，因此他們不是病患，但也不算是醫院的訪客。

但是他們不懂如此。這些爸爸正與伴侶面臨改變一生的經歷，這在醫學界裡是無法被定義的。由於沒有定義，因此沒有人知道該怎麼幫助他們，不論在情緒或生理上。史蒂恩描述有一位爸爸陪產時被要求待在角落、「不要干擾」孕婦分娩，並歸結雖然今日男性經常陪同伴侶分娩，但他們即使人在現場，仍然有遭到排擠的感覺。我所研究的爸爸再次呼應這樣的經驗：

自從我們帶寶寶回家後，助產士與保健家訪員也有來，即使我在場，他們也不太注意我的存在。我不覺得爸爸有得到任何實際的支持，如果我們在任何階段遇到問題，我也不認為會有任何人來幫助我們。保健家訪員來家裡時，沒人問過我好不好。凱特與家訪員交談時，我進到房間，感覺自己就像外人一樣。他說，「嘿！你也在呀？好吧。」他們似乎不知道如何應對。為什麼我不該在場？那也是我的兒子啊！

——哈利（六個月大）的爸爸大衛

為什麼要討論爸爸受到專業醫護人員怎樣對待？為什麼我們應該擔心他們

得在妻子懷孕與孩子出生時，獨自面對重大心理或生理變化？這些事情之所以重要，原因有二：第一，參與懷孕與生育過程的爸爸，遠比其他父親有可能在孩子出生後成為盡責的父親。調查所有社經階層與種族的爸爸的無數研究指出，從懷孕早期就讓爸爸融入，等於讓他養成一種日常習慣，這種習慣在孩子出生後也將持續下去。重要的是，因為角色明確的父親遠比其他人還更容易順利地進入家長的身分，進而為伴侶和孩子帶來正面與顯著的影響。健康與社會照護人員確保爸爸參與其中且鼓勵他們對此負責，最關鍵且可說是最容易的方法，就是將他們視為重要的一分子。這樣的行為既簡單又不需成本，可以確保父親參與所有關於寶寶的討論、關心其健康與幸福、聆聽問題與憂慮，以及支持他們在懷孕與生產期間的父職角色，引導如何學習當一位父親。致力研究與替爸爸發聲的我們，只需要找對方法傳遞這個訊息。

承認爸爸在懷孕與生育過程中具有一定地位的第二個原因是，除了他與伴侶的感情是否融洽之外，順利地過渡到父職的程度明顯會受到醫護人員態度影響。相較於大約九個月的母職過渡期，父職過渡期可以持續很長一段時間，最長可到孩子出生後的兩年，這表示爸爸需要協助的時間比媽媽長。這段期間或許也包含一些可能會導致嚴重心理傷害的轉捩點。這些轉變大多發生在孩子出生後的前幾週，也就是爸爸或許最缺乏專業與私人資源的時候。這些重大的事件包含了孩子出生、生產後的時期與回到工作崗位。許多男性會在生育階段出現重大的情感與轉變。你需要面對心理與情緒狀態，並在產房裡找到實際的角色。同樣地，某些文化有一系列的擬娩儀式作為此時期的特徵，並明確地指引如何緩解焦慮的心情。在歷史與當代非工業化的社會裡，譬如澳洲的原民部落與西班牙的巴斯克族（Basques），男性據稱會出現類似懷孕伴侶的行為，像是不想工作、反胃，還有在另一半生產當天躺在床上、表現出分娩的動作與發出痛苦的呻吟聲。值得注意的是，這些男性大多不像西方的父親那樣得以參與生產過程，但是他們可藉由這種公開行為來融入，以及鞏固自己與妻小之間的關係。在沒有特定的公開儀式的情況下，西方爸爸最大的困難經常是需要認清自己在生育過程中的角色。此外，身為陪同伴侶生產的第一個世代，他們沒有太多傳統可依循，也沒有模範可供效仿。

不論如何我一定都會在妻子生產時陪在旁邊，這點無庸置疑。我媽說她想來醫院幫忙，但我們對她說，「不用，你不用插手，這是屬於我們的時刻，我們希望自己來。」因此，我會全程陪伴妻子，不會去其他地方。我也不會陪產到一半就昏倒！雖然女兒出生後，我的確有坐下來一會兒平復心情……

——莉比（六個月大）的爸爸尼爾

根據英國政府近期公布的數據，百分之九十六的父親表示將會陪同妻子生產。就他們及其家人來說，爸爸陪同生產會產生極度正面的影響：可提高爸爸長期照顧小孩的可能性、讓父母雙方認知到養育孩子是共同經歷，並且讓爸爸與孩子儘早建立感情。就我訪問的爸爸而言，能看到寶寶在出生後的第一次呼吸、聽到他們第一個哭聲，是會影響終生的難忘經歷。許多男性也認為，進產房可以完成某些重要的「第一次」，例如第一次抱孩子或第一次換尿布，讓他們感覺自己擁有與孩子之間的獨特經驗。其中訪問過的爸爸法蘭克覺得，他的妻子因為生產不順而需要一些醫療協助，如此一來，他出現了一絲希望。他不但是第一個抱孩子的人，也有專屬的時間單獨與寶寶相處。

妻子生產後出了狀況，但在那段期間，我負責照顧兒子，真的是非常特別的經驗，因為我對他說了一個小時的話，第一次與他建立了特別的關係。

——湯姆（六個月大）的爸爸法蘭克

法蘭克的經驗反映出多數男性的經歷，即便是伴侶的生產過程看來十分順利的人。這是一個充滿矛盾情緒的時刻，爸爸的心情就像坐雲霄飛車。上一刻因為發現伴侶陣痛開始而感到興奮，下一刻想到無法控制的不可知未來而覺得焦慮。你想為了伴侶保持堅強，卻又因為看到她受苦而感到憂慮；你為伴侶撐過最煎熬的時刻感到驕傲，卻又因為她不聽從建議打止痛藥而覺得挫折。到了最後，隨孩子出生而來的大量寬慰與喜悅消失無蹤，取而代之的是你對寶寶與伴侶健康的掛念，以及瞬間意識到自己的注意力有一部分轉移到了孩子身上。

大家想像的情景是，寶寶生下來之後交給媽媽，而媽媽躺在病床上抱著寶寶，然後我就可以過去擁抱她們，一家團圓。但實際情況是，莉茲躺在床上虛弱無力，波比在房間的另一邊接受醫生的檢查，那一刻我心想，「我該去找誰？」我的想法無疑是，「我不想造成任何人的麻煩，但我擔心她們。」

——波比（六個月大）的爸爸奈吉

身陷於孩子出生情緒漩渦中的爸爸，如果沒有專業人員在一旁協助他與伴侶，他就會覺得自己在產房裡毫無用處。根據史蒂恩的說法，爸爸真正需要的是有人幫助他找到正確的角色，然後在周遭的全力支持下扮演這個角色。角色的定位完全由爸爸與其伴侶決定。你可以決定是否作為伴侶的發言人，在她無法言語時替她表達需求與渴望；或者擔任實際角色、倒數子宮收縮的時間、提供實質支持，甚至在她分娩時讓她倚靠或抓握手臂：

我積極參與生產過程，樂在其中；我喜歡實際付出、幫她抬腳和拿東西，剪斷寶寶臍帶的感覺真的很棒。不過，也有一些時候我必須移開目光，避免看到會讓自己不舒服的場面，但撐到最後，你會覺得一切非常值得。

——莉拉（六個月大）的爸爸西奧

或者，和伴侶決定身為父親的你不要陪同生產。這些都是伴侶在生育之前需要做的選擇，而且需要得到產房內外的人的客觀支持。

即便是在父職過渡期中壓力相較其他人少的爸爸，在成為新手父親時也需要實務、情感與知識方面的大量協助，這並不令人意外。他們短時間內有太多東西要學，而且寶寶出現的狀況通常不像育兒手冊所寫的。看著寶寶成長是父母最大的喜悅，像是他們第一次微笑、自己坐到椅子上、開口咿咿呀呀或學走路，但對家長來說，也表示變化來得很快，需要努力跟上腳步。看著孩子踏出第一步固然令人感動，但接下來必須移開家裡所有裝飾品與裝設樓梯護欄，這可就沒那麼有趣。然而，在這些年我所研究的爸爸都認為，時間久了就會越來越上手，更熟練父職的工作，你的付出會開始換來與寶寶互動的美妙機會，也能得到更多的睡眠時間。亨利的經驗十分典型：

> 我們的生活方式徹底變了，變得更好，卻也歷經一番痛苦掙扎。幾乎就跟換工作一樣，過程非常累人，有很多苦差事、必須熬過許多個睡不飽的夜晚……回想過去，就會發現處境的艱難。學習各種事情、第一次當爸爸，這

些都是我不曾經歷過的。女兒出生之後，在我眼中就是一個責任、一個也不是說「負擔」。總之她很難搞，讓我覺得要馬上跟她培養感情是非常困難的事。我覺得，「都是你害我要這個時候起床、害我要再做一次」的怨恨會讓你忍無可忍，但隨著孩子長大，相處的時間越久，了解他們的個性之後，對他們的感情就會越來越深。

——露比（六個月大）的爸爸亨利

如同亨利，成為爸爸會挑戰你的極限，使你深入挖掘自己也不知道何時早已擁有的身心條件。但對某些父親而言，孩子出生前後的時期最難熬，如同柯林所說的：

你會感到有點沮喪，心情低落，因為你的生活不像過去那樣，也會有點懷疑自己，不確定自己當爸爸的決定是否正確。你懷疑自己是否擅長當爸爸，因為你會想，這是我的小孩，我不應該覺得累。我不應該有怨恨的情緒。焦慮與懷疑的感覺也會悄悄蔓延，因為你想確定自己做了對的決定，想確定自己是一位好爸爸。

——芙蕾雅（六個月大）的爸爸柯林

媽媽患有產後憂鬱是耳熟能詳的事，醫院會在她們懷孕及產後一年內進行定期評估，以確保能夠早期發現與治療。產後憂鬱症或許是最令人身心衰弱的疾病，對婦女、寶寶及家庭都會造成深遠的影響。然而，直到近五年，爸爸罹患這項疾病的可能性才開始受到討論。其實，唯有開始鼓勵參與父職，以及認知多數爸爸也希望與伴侶共同教養孩子的事實，父性與母性同樣深刻的概念才會受到重視。不過，我們現在知道爸爸與寶寶之間的連結跟媽媽一樣深厚，他們在孩子成長過程中具有獨特且獨立的地位，體內的荷爾蒙也會出現類似媽媽的變化。這些全都顯示爸爸也有可能跟媽媽一樣，因為這個重大的人生轉變而產生心理健康的問題。馬克的經驗並不少見：

小孩出生的第一個禮拜我還洋洋得意，「看看我的傑作！」當時感覺很棒，但之後我開始覺得自己得了產後憂鬱症。我心想，等等，我跟女兒互動好像沒有得到回應。說來詭異，但我感覺自己和寶寶處得不好。我認為自己沒有一件事做得好。

——艾蜜莉（四歲）與喬治（三歲）的爸爸馬克

雖然關於父親心理健康的研究尚屬早期階段，但已有充分研究帶大家認識這個男性症狀的本質。澳洲天主教大學（Australian Catholic University）的凱倫-雷．艾德華茲（Karen-Leigh Edwards）與其同事，整理全球各地六十三項產後憂鬱症的研究，並於二〇一五年發表摘要。結果發現，相較於媽媽的百分之十四，爸爸患有產後憂鬱症的比例大約百分之十，明顯高於人口相當的非人父族群的百分之七至八。顯示這些男性的心理健康出現問題，並非因為年齡或生活習慣，而是有了父親的身分。但更重要的是，男性產後憂鬱症的本質與女性大不相同。以男性而言，關鍵的風險因子在於伴侶是否罹患產後憂鬱症——這種情況稱為「共病症」（co-morbidity）——以及他與伴侶的關係。此外，感覺自己被排除在母嬰關係之外、對父職的期望與現實有巨大落差、費心平衡家庭與工作以及財務負擔等因素，使得爸爸更有可能罹患讓人難以承受的疾病。患有產後憂鬱症的父親大多在教養上，比伴侶更加焦慮、激進、沮喪和迷惘，可能使他們逃避家庭並尋求自我藥療（一般是酒精或毒品）來緩解抑鬱感。在父母孤獨感的研究中，芬蘭土爾庫大學（Turku University）的妮娜・甬提拉（Niina Junttila）與其同事發現，父親的情緒和社交孤獨感與憂鬱症的發生率間有著強烈關聯。也就是說，罹患產後憂鬱症的男性比較容易缺乏社交生活與支持，也傾向欠缺親密的人際關係。最後一點，男性產後憂鬱症的發病情況也與女性不同。就媽媽而言，最有可能罹患產後憂鬱症的時期是生產後一年內，爸爸則是小孩滿一歲時（父職過渡期的中段）。對一些人來說，當爸爸的第一年所累積的壓力或許真的太過沉重。

一些爸爸很難發現與面對在伴侶懷孕期間及生產後所出現的心理問題，原因是社會普遍認為男人個性堅強，不會有心理障礙，以及專門針對父親的心理諮詢服務不足。在二〇一七年的研究中，英國里茲大學（University of Leeds）健康照護管理學院（School of Healthcare）的柔伊・達爾文（Zoe Darwin），訪問了十九位在產期（即懷孕期間、生產與產後第一年）出現心理問題的父親。她發現，爸爸不易察覺自己的感受（以為心理問題來自壓力而非沮喪或焦慮），覺得自己無權感到消沉，也沒資格向健康或社會照顧專業人士求助。他們有很深的愧疚感，覺得自己讓伴侶和寶寶失望，如果尋求專業協助，更會讓他們覺得占用了理應提供給母親的有限資源而感到內疚。那些希望求援的爸爸也不確定該怎麼做，因為他們與健康照護人員並未建立深厚的關係——與專業人士的接觸，最多只有產前陪同伴侶接受檢查的短暫時間。他們覺得自己沒有做好當爸爸的準備，也因為處理工作壓力（分心或逃避責任）的技巧，無法紓解產後憂鬱而感到痛苦。這讓他們覺得自己不像個「真正的男人」，因為保護者的角色被需要保護的需求取代了。然而，雖然少了正規的支持，但還是找到一些幫助他們度過艱難時期的方法。某些人發現，隨時提醒自己寶寶成長快速（這本身就會造成壓力），竟然能夠舒緩憂鬱的情緒，因為這讓他們知道最辛苦的階段不會持續太久。而其他人則發現，劃分專屬的父嬰時間是有幫助的，如此便有機會一對一與孩子培養感情，進而勝任父職。另外，寶寶的一顰一笑也能有效地提振其心情。還有一些爸爸從運動或社交網絡（朋友、家人與同事）的建議與支持得到很大的幫助，藉此在不容間斷的育兒過程中獲得喘息的空間。柯林是研究中確診患有產後憂鬱症的一位父親：

最近，我因為壓力的關係請了長假，之前從來沒有請過長假。我休息了兩個禮拜。這或許也是我的錯，因為我在女兒出生時換了工作，所以我同時要面對新工作和寶寶，感覺非常奇妙。工作上多了很多職責，回到家也有很多雜事要處理，事情全都擠在一起。因此，我感到非常焦慮和沮喪，但我知道全都是壓力造成的，因為負擔太重。也一定跟家庭有關，因為我缺乏睡眠而影響工作，體力也大不如前。我要做的事情太多，記憶力超過負荷，我記不得工作的代辦事項，也會半路忘記要去哪裡。我的狀況很糟，那段時間簡直是一場惡夢。

——芙蕾雅（六個月大）的爸爸柯林

從學術界的角度來看，目前才剛開始步上了解英國父親心理問題的程度而已，政府與社會甚至還沒跟上。身為這個領域的專家，我定期受邀上廣播與電視節目談論男性產後憂鬱症的「存在」，儘管這是熱門的新聞話題，但我觀察到的回應普遍都缺乏同理心，「這些男性需要振作和停止抱怨，生孩子的又不是他們」。這樣心胸狹隘的反應，實在令人沮喪，你不會希望一個女人在同樣的情況下聽到這樣針對性的言論。男性產後憂鬱症是真實存在的，而且會造成後果。爸爸顯然必須付出代價，如果這樣未能引起他人的注意與協助，就會危害孩子的成長、家庭的幸福與感情。社會也必須制定政策，解決更多來自抑鬱家庭的孩子所犯下的反社會行為和吸毒案件。因此一些學者意識到，如果不讓大眾了解這種情況的代價，就無法提供爸爸專屬的支持，於是他們試圖以金錢衡量為人父者的心理問題。

在英國，產婦心理問題所造成的立即與長期成本每年約六十六億英鎊；其中六成為成長過程遭遇負面影響的兒童（例如需要提供額外行為與教育輔導，或者與反社會行為有關的警察和法庭成本）。基於父親對孩子成長的單獨影響，以及他對孩子的社交行為和長期心理健康方面的特殊責任，父親因心理問題所引起的成本可能也不相上下。在澳洲，光是二〇一二年，男性產後憂鬱症就花費一千八百萬美金的成本。在英國，由約克大學（University of York）、華威大學（University of Warwick）與牛津大學（University of Oxford）學者組成的團隊（包括我的同事精神病學家保羅．拉姆錢唐尼〔Paul Ramchandani〕）率先進行這類型的研究。根據最保守的估算，每一位患有產後憂鬱症的男性在國家醫療服務

（National Health Service，NHS）中所占的成本，比未患病的男性多出一百五十八英鎊。比起六十六億英鎊，這可能不足為奇，但如果考量全球約有百分之十的父親患有產後憂鬱症，以及這些不包含任何針對父親治療計畫、只計算藥品與醫師看診的成本，並且排除孩童發展與社會政策或社會福利的支出，這可是一大筆數目。

那麼，我們可以做什麼？如今，在缺乏針對父親族群的具體干預措施的情況下，我們必須仰賴現有的產前與產後教育系統，嘗試替爸爸尋找一些出路。近期，澳洲心理學家荷莉．羅明諾夫（Holly Rominov）、潘蜜拉．皮爾金頓（Pamela Pilkington）、蕾貝卡．賈洛（Rebecca Giallo）與湯瑪士．惠蘭（Thomas Whelan），對父親心理健康的現有干預之成效進行整合分析，評估哪一種方式最能預防男性得到產後憂鬱症。他們發現最有效的方式，是訓練爸爸替伴侶和剛出生的寶寶按摩。按摩通常是爸爸在產前課程中學習的一項技巧，有利融入懷孕的過程，並在寶寶出生的前幾週、也就是他們經常感覺遭到排斥的階段，找到專屬的角色。然而，荷莉與她的團隊有了另一個發現——不斷有研究顯示，按摩能減輕爸爸的沮喪與焦慮感。透過神經科學的知識，我們知道爸爸、寶寶與媽媽都能從這些互動得到神經化學的獎勵。觸摸是最能讓體內釋放促成好感的化學物質——催產素、多巴胺與β-內啡肽（beta-endorphin）的方法，這些在父親大腦中的正向化學物質，可以中和壓力荷爾蒙皮質醇的釋放及促進心理健康。從心理學的角度來說，爸爸在學習技能的同時，也得到稱職扮演父親角色的信心，進而提高自尊心。

荷莉與其研究團隊發現另一個益於父親心理健康的干預方法，就是傳統的產前課程，不過需要加入一點不同的元素。男性與伴侶一起參加產前課程學習懷孕、生產和寶寶照護的知識並不少見，但他們大多都扮演支持的角色。然而，有越來越多研究指出，爸爸在男性專屬的產前課程中獲益匪淺。在全球緊縮的時代裡，這些課程少之又少，但都能深刻地影響男性的心理健康，即便形式是一對一，而不是六到八對伴侶一起上課。參加這種課程，男性得以捨棄「情感支柱」的角色，自由談論內心的恐懼與焦慮，專心學習父職的技能，並提出所有會讓他們在準媽媽面前顯得愚蠢的問題。如果導師適時地邀請有經驗的爸爸分享心得，學員特別能夠從課程中得到幫助。因為有越來越多資料顯示，男性面對同儕時得以自在地提問與蒐集資訊。這表示，有時爸爸會從最不可能的地方得到支持。

創立於英國的國際組織獅子理髮師聯盟（Lions Barber Collective），集結一群頂尖的理髮師，他們有意為令人擔憂的男性高自殺率盡一份心力，喚起男性心理健康的意識。我們多年來都希望能幫助深受心理問題所苦的男性，但發現難以觸及這些患者並找出合適且有效的干預方式，以鼓勵男性抒發心聲。受過訓練的獅子理髮師聯盟心理健康輔導員能夠發揮作用，是因為他們利用男性與理髮師建立親近且長期的關係，以及理髮過程談話的私密性，鼓勵男性敞開心胸談論生活。另一個好處是，男性的社交圈通常不包含理髮師，因此他們不會改編故事以維護別人的隱私。這個計畫至今能引起大量關注是理所當然的，因為確實有效。而這項行動令我們認知到男性不容易主動求援，需要某種日常生活可以輕易獲得的支持，以及他們通常更願意對朋友或熟人（理髮師與運動隊員）吐露心聲，而不是尋求專業人士的協助。雖然這個組織並未明確地針對男性在產期前後的心理健康，但在提供為人父者最需要的支持上，是我們可以學習的模範。

我們正逐漸認識爸爸的心理健康。在寫完本章的同時，南加州大學（University of Southern California）新發表的研究證實了一個存在已久的直覺看法：如同在女性產後憂鬱症的地位，荷爾蒙也會影響男性的產後憂鬱症。雖然伴隨父親身分而來的睪固酮含量下降，可以幫助重新專注在家庭上，卻也會增加產後憂鬱症的患病風險；高睪固酮含量有助於預防憂鬱症，這一點久為人知。在這項研究中，睪固酮含量低的男性最容易出現抑鬱的症狀。假如你也屬於這類，那可不妙了，但當我們越了解此疾病，就越有可能想辦法預防與治療。對於身處這個領域的我們而言，其中的困難之處在於認知這一點與提倡大眾意識，還有持續宣傳（或許應從經濟學的角度出發，而不是訴諸同理心），提供男性特定支持與治療的理由。目前，相關研究大多聚焦預防而非治療，而在缺乏專業協助的情況下，爸爸在孩子出生前後當然可以透過許多方式促進心理健康，包含利用各種現代科技尋求專屬的支持網絡：

我加入一個臉書社團，這個社團很棒，裡面有爸爸分享的各種資訊，從生活小事（像是傑夫說他蓋了一間狗屋），到離婚後試圖維繫親子關係的難題。不怕找不到和自己有類似處境的同路人。這個社團真的很實用。

——蘿西（八個月大）與另一個即將出生的孩子的爸爸班

如果你即將成為人父，可以善加利用九個月的孕期與伴侶討論在這段期間，以及孩子出生後所扮演的角色的想法與顧慮。你可以透過與伴侶商量如何共同教養小孩，找出可能引起衝突的問題並研究解決的辦法，也可以精進按摩技巧，建立由朋友、家人、專業人士、同事與網路團體組成的專屬支持網絡。網路上有越來越多專為爸爸建立的支援社群，許多男性都覺得這樣的資源非常寶貴，班就是其中一位。

一切都從這件荒謬的事情開始，經過一段漫長的孕期，突然間你有了一個寶寶，每個人進進出出，到處都是血，然後你看到寶寶的頭從另一半的陰道蹦出來。「噢，我的天啊！」他來到世界上了。我只想說，這是一個驕傲的時刻。是的，我當時真的覺得非常驕傲，迫不及待……當時除了抱孩子之外沒有什麼你能做的事。我想向大家宣告，「你看，我為我的孩子感到驕傲。」

——艾登（六個月大）的父親柴克

關於孩子出生的一些問題或衝突點，只有遇到才會意識到與自己有關，但就我本身的研究而言，某些問題可能每個父親都會遇到。許多爸爸在孩子剛出生的幾個月，沒有太多空間與寶寶培養感情，尤其是寶寶需要媽媽長時間哺乳的初期階段。你必須想像自己對此會有什麼感覺。一些爸爸知道屬於自己的時間將會來到，因此樂於在此時支持伴侶；其他爸爸則發現，找出專屬於自己和寶寶的活動有所幫助，像是洗澡、半夜餵奶或睡前幫寶寶按摩的時間，通常都頗受歡迎。雖然現今某些醫院設有家庭休息室，供爸爸陪伴剛出生的孩子，但這些措施依然不甚完善，很多父親會發現自己在寶寶剛出生時無處可去——如果當時是凌晨三點，而你只能去醫院的停車場，那淒涼的感覺可不好受。對一些爸爸而言，孩子出生的戲劇性發展、組成家庭的喜悅、還有在伴侶生產完休養時被要求暫時離開，這些處境的強烈對比讓人難以接受。如果你有可能陷入這種情況，請找一個在孩子出生之後可以隨時打電話或見面聊聊的人。這個人必須可以陪你慶祝、反省、歡笑與哭泣，以及提供必要的飲食。無論你在孩子出生後有何計畫，都將會與醫護人員有所互動。請與伴侶討論希望如何進行這些互動，以解決你的需求與顧慮，並確保自己在扮演父職角色的過程中得到協助。

＊＊＊

我沒有想到她這麼好玩，一定是她的反應的關係。對她來說，每件事都是不可思議、有趣又刺激的。好像從來都不會厭倦。我和她互動時，總是會突然做出讓我樂不可支的舉動。

——波比（六個月大）的爸爸奈吉

對大多數男性而言，成為爸爸雖然有時艱難卻充滿喜悅，其中的幸福感在於從寶寶的角度重新看待生活，下班回家時看到寶寶燦爛的笑容與敞開的雙臂，還有一起學習的共同經驗。班有一個十八個月大的女兒蘿西，還有另一個尚未出生的孩子。我相信如果新手爸媽謹記他睿智的忠告便能做得很好：

我會非常鼓勵所有開始思考當爸爸這件事的男性朋友。有了孩子實在不可思議，這會改變你的世界，為所有事情帶來希望，多半時候都會想要從床上跳起來。如果我發現蘿西醒來，就會覺得很興奮。假如你衡量當爸爸的好處與壞處，會發現好處要多太多了。沒錯，你會需要幫寶寶換尿布、也會睡不飽，但隨時都會看到孩子開心的笑容。我愛死爸爸這個身分了。

羅明諾夫針對親子按摩與男性產前課程的研究顯示，即使沒有大量投資，還是可以藉由一些小技巧舒緩心理健康狀態不佳的症狀；在家庭以外，花時間做些自己喜歡的事情，利用按摩培養與孩子及伴侶之間的感情並放鬆心情，還有在現實生活或網路建立同儕的支持網絡，如此一來，便能分享自己的感受並得到認同與支持。倘若症狀惡化，可以尋求心理健康的治療。與專業人士如助產員、保健家訪員或醫師會談，通常是恢復健康的第一步。

總而言之，預防勝於治療，我們每個人都可以為此盡一份心力。西方社會也許不再有擬娩儀式的傳統，但隨著爸爸花更多心思照顧孩子，或許我們需要開始推動一套新的傳統，在他們成功展開這段意義重大旅程的同時，認同與支持他們的努力。至少，我們認識到懷孕與孩子出生也會對父親造成影響。如果你看這本書是為了更了解與支持伴侶或朋友，請花時間關心他的感受並抱著同理心傾聽他的回應。幫他照顧小孩，讓他得到應有的休息；鼓勵他認識一些經驗豐富與毫無經驗的爸爸，讓他們可以在互相幫助的氛圍下提出問題與討論辦法；或者乾脆替他舉辦準爸爸派對。通常，伴侶在迎接新生兒或領養的小孩時，會開始踏上教養的旅程，而且其中至少有一人會成為父親。就讓我們隨時幫助他、與他一起分享喜悅吧！

第五章 父親角色的百態

父親、適應能力與孩子的生存

我想向你介紹四位父親。

奧塔是阿卡族（Aka）的一員，居住在剛果民主共和國蒼翠繁茂的森林深處。阿卡族以狩獵採集為生，利用網子獵捕森林中的小型動物。網獵需要全家動員，小孩會跟著父母到森林裡打獵。家庭是一體的，因此奧塔與妻子一起照顧孩子，他一樣會唱歌給孩子聽、安撫孩子、餵奶，或是幫忙洗澡。其實，他比妻子有更多機會與孩子一起入睡，甚至會讓飢餓哭鬧的孩子吸吮他的乳頭，直到妻子有空餵奶為止。

接著，我要介紹麥克。麥克是來自美國波士頓的商業律師。他工作時間長，平日很少與孩子見面，但他努力賺取高薪，讓孩子可以接受私立教育並住在城市的上流地區。他是當地鄉村俱樂部的會員，週末會帶年紀較小的孩子去游泳，年長的兒子則通常跟他和同事一起打高爾夫球。

再來是斯吉。他來自肯亞高地的奇普斯吉（Kipsigis）部落。奇普斯吉人是務農民族，主要作物是茶葉。斯吉把賺錢養家視為自己的主要責任，很少花時間陪伴稚齡子女。然而，在兒子邁入青春期之際，他開始教導他們農耕知識，讓他們成年時能夠接手經營。兒子成為青少年之後，大部分的空閒時間都和他們相處，已屆荳蔻年華的女兒則由妻子照顧。

最後一位是詹姆斯。他住在英格蘭西南部的薩默塞特郡（Somerset）。詹姆斯是家中主要照顧三個小孩的人。他的妻子是事業有成的公關主管，在布里斯托（Bristol）工作且經常出差，因此他成為孩子實際關懷與情感支持的主要來源。詹姆斯負責接送兩個年紀最大的孩子上下學與做家事。他在孩子課後參加的芭蕾課、足球賽與頻繁的玩樂約會之間游刃有餘，也會做點心、指導他們寫功課，並積極參與學校的家長教師協會（Parent Teacher Association）。如今，他最年幼的孩子一週有四天早上會待在幼兒園，因此他試著在家接案寫稿。

以上是來自世界上四個不同地區的四名父親，以及四種迥異的教養方式。你認為哪一位做得最好？在本章，我希望探討世界各地父職多元性的成因，為大家介紹當爸爸的各種方法，藉此達到兩個目標。其一，希望向即將當爸爸的各位保證，教養沒有「正確的方式」；其二，希望讓你們了解，扮演父親有各種不同的方法，但都有一個最終會形成獨特教養方式的潛在目標：維護孩子生存的強大動力。身為父親的你們或許各有差異，但終究都是同一個俱樂部的成員。作為人父，沒有懷孕、生產與哺乳的生理限制，但從前面的章節中應該可以得知，在家庭裡最終扮演的角色並不如最初所見的可以自由選擇。行為中有一個元素受到演化過程與生物機制所驅動，還有一部分受到生活的社會、文化與政治環境所影響。如果我們考量現在父親所生活的社會制度，像一夫一妻制與一夫多妻制一樣各自差異甚大，政治立場極度分歧；繼承體制分為父系、母系或平等主義；經濟基礎則有資本主義、共產主義、以物易物或自給自足，那麼世界上的爸爸以看似無數的方式扮演自己的角色，也就不足以為奇了。但是，假使也考慮歷史、宗教與政治的影響，再加上個人的成長背景與遺傳差異，無疑有許多方式可以善盡為人父者的職責。

基於懷孕、生產與哺乳的高度精力與體能需求所限，母親的角色受到嚴格界定，因此，父親角色的彈性對人類的生存至關重要。相較之下，即便社會、經濟或環境出現可能危害家人生命的微小變化，父親依然可以迅速回應。這表示父親的角色不僅在不同文化裡差異顯著，在家庭、鄰居甚至個人的生命也是如此。這造成了兩個結果。首先，當你從其他同為父親的人身上得到啟發時，無論是自己的爸爸、隔壁鄰居或貝克漢，最好都不要過度比較，因為影響孩子生存的因素很有可能與這些模範遇到的不同。第二，即便生活環境極為類似的爸爸，也會有截然不同的方法捍衛孩子的生存，因為他們生活中的其他條件並不一致。因此，回到本章一開始提出的問題，重點不是哪一位父親做得最好，而是在於每一位父親面對相同難題時使用的各種奇妙方法。

還記得第三章提到的亞契人嗎？如同前述的阿卡族男性，當爸爸的亞契人透過狩獵與採集的過程獲取資源，但不同於事必躬親的阿卡族人，他們鮮少親自照顧孩子。在飽受戰爭摧殘的社會，保衛生命與每天維持家庭命脈一樣基本。相反地，阿卡族以雨林為家，糧食豐足、外敵甚少的生活，相當受到比較平等主義所庇蔭。阿卡族男性是世界上最親力親為的父親，平均有百分之四十七的時間都花在孩子身上。因此，雖然兩個部族的經濟型態都是自給自足，但父職的風格卻迴然有別。他們的社會環境天差地遠，因此捍衛後代生存的行動也大不相同。在生活未遭受立即威脅的情況下，阿卡族男性得以帶一家大小出外狩獵、與伴侶共同扶養孩子，並將重要的生存狩獵技巧傳承給下一代（從父親與母親身上學習）。相反地，亞契族的孩子因為沒有多位父親身體力行、積極地保護，因此很有可能無法活到長大成人。在這裡我們看到了兩種父親，他們擁有共同的目標，但採取的手段卻截然不同。

哈佛大學發展科學家羅伯特．勒范恩（Robert LeVine）主張，全球各地的父職行為有所差異，潛在成因大多是環境的風險。歸根究柢，所有的父親都關心後代的生存與未來成就。但是，父親有助於後代存活可能性的特徵隨環境變化。據羅伯特表示，父親會做出調整，有意識或無意識地去適應有害或有利教養目標的環境面向。每個社會環境起伏不定、各不相同，父職也是如此。在高風險（不論是戰爭、掠奪或疾病）的環境裡，父親的關鍵作用是確保孩子的生命安全與健康，這屬於教養階級的第一層。如果生活環境還算安全但經濟可能有貧困之虞，那麼父親在確定孩子安全之後，接著應該要求他們學習適當技能以利成年後的經濟生存，這屬於教養階級的第二層。最後，等到經濟、生存相對穩定時，父親應該開始考量孩子在社會、智力與文化方面的發展。因此，勒范恩認為處於生存邊緣的社會，例如狩獵採集或農耕社會，父母雙方在生育後的前幾年會付出大量心力養育孩子，為的是努力讓孩子度過死亡風險高的脆弱時期。相比之下，生活在工業化國家的家庭意識到，他們的心力必須投入在有未來的孩子身上。家長必須做好將時間與金錢奉獻給孩子的準備。如同我們常聽聞中產階級的家長煞費苦心鼓勵孩子在智力與社交的發展，並且讓他們充分利用教育機會，雖廣為人知但也備受調侃。然而，此作為背後的動力是嚴肅且關乎生存的任務：讓孩子做好準備，在他們未來成長、競爭激烈的社經環境中繼續生存與蓬勃發展。

因此，最後我們來驗證勒范恩提出的模型，如何能幫助我們理解爸爸履行父職的各種方式。我們再看一次奧塔、麥克、斯吉與詹姆斯，以及他們各自迴異的教養方式。奧塔與斯吉都生活在相對有利、戰爭與疾病發生比率較低的環境。但是，他們的經濟狀態頗為嚴峻，譬如奧塔的家人曾過著三餐不繼的生活，每天都需要外出打獵覓食；而斯吉則得努力向耕種條件日益艱難的茶農批發足夠茶葉，再以有競爭力的價格賣給商業市場。在他們的日常生活中，焦點大多放在勒范恩模型的第二層，也就是規定孩子學習讓他們在成年後經濟無虞的生存技能。因此，奧塔會要求孩子一邊觀察與參與家族的網獵活動，一邊學習打獵技巧，而斯吉會帶領兒子認識幾乎由男性主導的社會。

相較之下，麥克與詹姆斯生活在安全與經濟穩定的環境。對他們而言，孩子長大後必須面對這個暗藏威脅、複雜的社交世界。就許多人來說，想在這樣的環境出人頭地，不只與努力有關，還在於就讀的學校、高爾夫球伴及擁有的車款。能夠創造機會的兩個關鍵因素分別是結交的人士——也就是所認識的人與活躍的領域，再來就是金錢。麥可或許沒有每次都幫小孩洗澡或陪他們運動，但他知道努力賺錢就能讓小孩送到合適的學校就讀，以及讓年長的兒子觀察打高爾夫的社交與商務互動等行為，是在替孩子打好成功人生的基礎。花費在鄉村俱樂部的所有時間，能讓孩子認識貴人與培養正當的行為以融入那樣的生活圈。同樣地，雖然詹姆斯不是家裡的主要經濟支柱，但他讓孩子參加課外活動、積極參與家長教師協會，並且勇敢對抗以家庭作業為重的世界，來支持孩子的學業與社交。從這兩位西方父親的行為顯示，他們認為在生活環境中，孩子遭受最大風險是無法適應複雜且階級分明的社交世界。值得注意的是，如果你問一位父親擔心孩子會遭遇哪些事情，他們的答案不是稀鬆平常的小事，而是帶有風險的面向。就奧塔與斯吉而言，他們擔心孩子未來的經濟能力；反之，麥克與詹姆斯則是擔心孩子無法發揮社交與智力方面的潛力。如果你是父親，可以親自測試勒范恩提出的模型。思考兩個問題：你在家庭裡的主要角色是什麼？你認為孩子面臨的最大風險為何？想一想你的答案。

除了這項理論之外，還有一些學術研究證明父親的存在與孩子的安危有關聯。在針對美國喬治亞州（State of Georgia）的當代研究中，流行病學家詹姆斯．高迪諾（James Gaudino）、比爾．詹金斯（Bill Jenkins）與羅傑．羅徹特（Roger Rochat），利用出生與死亡紀錄探究父職參與和嬰兒死亡率之間的連結。他們比較出生證明有列出及未列出父親姓名（將此視為父職參與的標記）的寶寶的死亡率。值得一提的是，在喬治亞州已婚媽媽可以選擇是否在出生證明上列出父親的名字，而未婚媽媽則必須得到對方的同意才能如此。在不考慮媽媽的社經背景與寶寶的健康狀況，出生證明未列出父親姓名的寶寶在一歲之前的死亡率，是有列出父親姓名的寶寶的二點五倍。此數據結果頗為驚人。高迪諾與研究團隊得出結論，這些資料似乎證明父親的確在孩子的健康方面占有重要地位。

為什麼從這些資料發現父職參與關乎孩子的生存機會事關重大？這是因為就如第一章提及，父職的演化仰賴男性脫離驅使他尋找更多伴侶的世界，轉而投入家庭與親情的生活，以確保後代甚至是物種的生存。第二，一直以來人們利用子女死亡率與父職參與並無關係的可能性，暗指父親其實沒那麼重要——你或許已經明白，我強烈反對這個論點。社會學家蕾貝卡．西爾（Rebecca Sear）與人類學家露絲．梅斯（Ruth Mace），在二〇〇八年發表的研究〈誰讓孩子活下來？〉（*Who keeps children alive?*）就是一個典型的例子。她們從四十五個歷史與當代的人類群體中，蒐集關於育兒者與兒童死亡率的資料。如人類進化史所料，所有社會的相關資料均指出，媽媽要順利扶養孩子，至少需要一名親屬的幫忙，但這個人最有可能是她的母親，也就是孩子的外婆，而不是父親。其實，只有三分之一的社會顯示，父親對於孩子的生存具有正面影響。這與孩子的生存必須仰賴父親的觀點互相牴觸。不過，我不會因此驚慌失措並準備重新撰寫本書第一章，因為蕾貝卡與露絲採用的資料皆為五歲以下的孩童，如同我們將在之後逐漸釐清的，許多西方社會的父親真正投入父職，是在孩子進入青春期前後之際，尤其是要教導小孩的時候。這個至關重要的角色幫孩子做好準備，讓他們再次認識廣大的世界。蕾貝卡與露絲的研究並未涵蓋這個時期。第二個原因是，從勒范恩的模型可知，只有受環境所迫而處於教養階級第一層的爸爸，才會在意生存這件事。如果是生活在西方社會的父親，那麼其動力與行動將與他們不同，而是以社交與經濟的生存為重。有時這意味著父親樂於讓孩子搭順風車，而不是保護孩子免受外來的侵襲。

父親或母親的角色由無數任務所組成，這點問賽門就知道。

> 我的目標不是當一個理想的父親，因為我認為我需要同時扮演兩個角色。我必須用心照顧孩子、時刻陪伴他們，教導他們還有表明原則等等。我希望他們兩人都能成長茁壯、擁有勇氣及其他的優點。我總是跟他們說，當個善良的人最重要。
>
> ——黛西（六歲）和比爾（五歲）的爸爸賽門

一些任務極為實際與急迫，像是準備食物、換尿布、安撫孩子或陪他們玩；其他事情的重要性相對較低，例如讓孩子隨時有東西吃、不讓他們著涼和提供安全的住所。還有一些工作必須過了一段時間才會有結果，譬如建立人脈以獲得重要的工作經驗或是存錢讓孩子上大學。為了協助定義爸爸或媽媽負責的工作種類，我們可以區分直接與間接親代養育之間的差別。照顧小孩、教導與抱孩子歸類為直接照顧，也就是需要親自去做、而且是與孩子近距離接觸的照顧行為；間接照顧則是指與孩子之間保持一段距離，卻和直接照顧行為中的實際面向一樣關乎生存的作為，譬如保護、餵養與建立社交夥伴。直到不久前，西方社會還存有教養角色的性別之分，父親負責間接照顧，而母親負責直接照顧。然而，隨著父職參與的觀念在八〇年代抬頭，這種區別開始變得模糊。過去理想的父親，如今負責間接照顧與直接照顧。他不只得賺錢養家，還得煮飯、餵小孩與幫孩子洗澡。如之後將提及，對於家庭所有成員與社會，提供直接照顧的父親是一個美好而正面的存在，但這誘使爸爸掉入女性曾經歷過的陷阱，不但以為自己擁有一切，更誤認間接照顧──「老派的父親」負責的工作──是次要的教養形式。這也許會讓那些經濟條件不佳而需要賣力工作、無法兼顧家庭生活的爸爸，在面對自己的教養經驗時會產生失敗與愧疚的感覺，認為自己沒有做好。

我想成為孩子的保護者、老師、照顧者，我真的想做到這些事。我只想確定他安全、快樂，而且享受生活。我想帶他探索這個世界。他出生之前，我甚至就期待要教他東西、帶他認識各種事物，還有陪伴他。

——哈利（六個月大）的爸爸大衛

我與即將當爸爸的受訪者談到他們希望在孩子出生後扮演的角色時，絕大多數的人都像大衛一樣想當共親家長。這是為了跟伴侶同樣負起直接照料孩子的責任，給予直接的關愛。他們希望在教養孩子上，能夠與伴侶享有相等的地位，一起照顧、養育、安撫與教導孩子。孩子出生之後，這依然是他們的心願，但對很多人而言，是一個難以實現的目標——他們並不指望生物學、社會與政治能帶來幫助。除非人類的生殖技術出現大幅進展，否則男人無法生育、也無法哺乳。因此，無論這些父親的願望為何，除了極少數的例外，母親將會是孩子在出生頭幾週裡的主要照顧者。雖然她將提供大部分的直接照顧，但卻無法提供重要的間接照顧——金錢。如此一來，父親通常必須在寶寶出生後，立刻回到職場工作賺錢。儘管各個政黨為了擁護自家陣營的家庭友善政策而互相抨擊，以及從被挑選出的電視名人、演員到運動員等，都在提倡真正的男人會照顧子女的觀念，但統計數據卻呈現不同的現象。在英國二〇一一到二〇一二年之間，只有百分之零點六的新手爸爸申請額外育嬰假，並與請產假的另一半一起照顧小孩。另外，雖然在家育兒的父親人數自一九九三年起的十年內成長了兩倍，但到了今日只剩二十二萬九千人，對比之下，全職母親則有兩百零五萬人。美國人口普查的數據顯示，二〇一四年有兩百萬名男性在家帶小孩，這個人數是一九八九年的兩倍，更遠遠高於一九七〇年的六名——你沒看錯，當時全美只有六位全職爸爸。

從我的研究看來，這些極低的比例，並不表示爸爸不願意照顧孩子，而是無法同時解決阻礙他們前進的兩個難題的結果：政府政策由於缺乏財政支援而遲滯不前，以及男女薪資差距依然顯著，意味著在財務上，許多夫妻負擔不起爸爸在家顧小孩、媽媽重返工作崗位的生活。

> 現在男性也可以請育嬰假，我記得是三個月，但只能領法定的產假薪水，所以沒什麼屁用。如果薪水這麼少，沒有人會真的想要請產假。我的意思是，很多男人都是家庭的經濟支柱，假如他們的太太可以請假這麼久還能

領半薪或全薪，他們又怎麼會想請假，然後只領這麼一點錢？我覺得政府只是在空口說白話，沒有真的關心這件事。我一直都想請育嬰假，但不想領那麼低的薪水，不想在這種非常時期這麼做。

——芙蕾雅（六個月大）的爸爸柯林

現在的爸爸希望投入父職，但又並未放棄保護與給予的本能，也就是說，對他而言賭上財務在家帶小孩，對生存所造成的風險太大。此外，許多男性遭遇根深蒂固的工作文化，其規定是女性可以請產假，而男性最多只能請幾個禮拜，之後就得回到很可能幾乎不受新手爸爸身分所影響的工作環境。雖然「家庭友善」一詞暗指允許職涯育兒的政策應同樣適用男性與女性，但就許多男性而言，討論彈性工作或共同育嬰假的話題仍然令人退卻與掙扎。這表示，對於狄倫這樣的男性來說，善盡父職的抱負很快便遭遇到長久以來社會文化排斥全職爸爸的殘酷現實：

上週我們都在度假，因此我有一些時間可以陪伴佛萊迪和太太。這段期間，兒子大得很快，也變很多。可以看到他成長真的很棒，但問題（也是大難題）是，我在倫敦工作。每天早上六點半他醒來之前就得出門上班、晚上七點十五到家，而他七點半上床睡覺。因此，我一天只有十五分鐘可以跟他相處。這讓我了解到我正在錯過他成長的時光，感覺很難受，因為我想見證他成長的每一刻，卻又必須負擔家計。現實就是這樣……事與願違。

——佛萊迪（六個月大）的爸爸狄倫

因此，西方父親面臨的一個關鍵問題是，必須同時滿足直接照顧孩子，但也得提供間接照顧的雙重需求。他們遇到在職媽媽再熟悉不過的兩難處境：如何兼顧工作與家庭生活，確保自己至少在這兩方面都做得不錯。對許多男性而言，直接照顧與間接照顧之間的衝突，有可能成為他們在父職初期最不願見到的現實。陪產假的權利在世界各地差別甚大。這種母性與父性權利之間依然存在最明顯的差異，是世界一百九十六個國家中，只有九十二個有法定陪產假，其中半數國家還規定最多只能請三個星期或更少。與全球各地對於女性產假的開放形成對比。有鑒於此，我們很難不把這些數據看作是社會依舊認為爸爸與育兒無關的證據。

在有陪產假且獲得適度補助的國家中，大部分的父親都會提出申請。在規定勞工可依法申請兩週陪產假的英國，超過九成的新手爸爸申請某種形式的陪產假，而根據我與爸爸面談的經驗，這不但是慢慢習慣新身分與認識家庭新成員的寶貴機會，也是維繫家庭的重要行為。照顧新生兒讓人筋疲力盡，要換尿布、餵奶和撫抱，如果媽媽親自哺乳，還得每兩、三個小時就得抱著寶寶坐在沙發上，最久可耗上一小時。因此，爸爸的角色就很重要。他們可以減輕媽媽的負擔，幫忙換尿布、安撫寶寶、泡奶與接待訪客。如果媽媽生產吃盡苦頭，甚至可以負責照顧寶寶，讓媽媽安心休養。但由於爸爸在育嬰假期間與孩子朝夕相處，重回職場可能會帶來嚴重與負面的衝擊。以魯賓的經驗為例：

> 我不期待回去工作，原本可以請得更久。我有點害怕回去工作，因為習慣了整天都在家的生活，現在變成一個星期要上五天班，變化太大了。老實說，我不喜歡這樣。但這讓我下定決心要增加工作的彈性。改變了我對工作的看法。我不會讓工作妨礙我盡可能找時間陪伴兒子的渴望。
>
> ——查理（二十個月大）的爸爸魯賓

爸爸從完全沉浸在寶寶世界的狀態回到工作崗位，每天的例行事務並不會因為家庭生活的重大事件而有所改變。其實，這是我認為爸爸應該在迎接第一個孩子之前了解的衝突點，如此才能做好情感與實際層面的準備以快速回到現實，可能的話，可以藉由休假來緩解短暫過渡期的壓力，好在幾個禮拜內逐步重回工作狀態。不幸的是，能夠兼顧各方面、凡事自己來的名人老爸是個例外，他們財力雄厚，而且想必有不為人知的支援，才能不同於常人。問題來了，身為平凡百姓的爸爸，面對家庭與工作的雙重拉鋸應該怎麼做？

有時候，縱使我想幫忙，也無能為力。就拿晚上餵奶來說，當女兒在哭鬧要人安撫時，她想找的是媽媽。我不知道自己是否因此覺得更生氣、更沒用。偶爾我會有點沮喪，但這是意料中的事。我真的希望，未來如果有壞事發生，或者女兒需要說話對象，她可以找的人不只是媽媽。孩子與父母之間的關係不同，我確定這兩種親子關係都有機會發展良好。

——波比（六個月大）的爸爸奈吉

一些父親所期待的父職（真正的共同教養）與現實之間的差距，並不如我們想的那麼負面。對他們而言，悄悄回到母親照顧小孩、父親賺錢養家的傳統角色模式比較自在，而且讓他們有許多機會當個「有趣的老爸」來跟孩子培養感情。然而，在奈吉這樣的爸爸眼裡，這表示在九個月孕期用心經營父職之後，必須重新思考自己選擇的父親身分。倘若你遇到這樣的問題且了解到自己也許無法如願成為共同家長時，可能會產生情緒的劇烈變化。你會感到忿忿不平，另一半可以看到寶寶在一天中最可愛的一面，陪他／她上歌唱課、在室內玩安全玩具與參加學走路的團體活動，而你看到的卻是孩子睡前又哭又鬧的一面。或者，你會感到愧疚，伴侶一整天都獨自面對照顧新生兒的挑戰，但你依然享有不受打擾的午餐時間與發呆放空的難得機會。就許多我研究中各種社經背景的父親而言，對於二十一世紀西方父職的了解促使他們做出改變。在一個需要滿足各種時間與注意力需求的世界裡，被犧牲的經常是工作。以現實層面來說，這表示選擇承擔財務與事業受到重創的風險（因為工作上的要求越少，擁有的彈性時間就越多，但升遷的機會也會越少），好空出時間教導與養育子女。

我的工作待遇一點也不高，薪水少得可憐，但它能夠讓我成為想成為的父親，因為我知道，如果每天早上六點出門上班，就能在下午三點前下班接女兒放學。我一直計畫陪他們吃晚餐，陪他們寫功課。這些是我給自己設定的目標。

——艾蜜莉（四歲）與喬治（三歲）的爸爸馬克

我們將在第十章探討父親對於兒童成長的影響，如其所述，在物質豐裕、社交與智識水準要求嚴格的西方社會裡，在事業上做出某種程度的犧牲，可以為孩子的身心發展帶來極大助益。不過，有些父親做得更多。當爸爸之後，處理事情的優先順序會有所改變，在財力與文化允許的情況下，這可能會讓他們優先把握這個機會採取行動，扮演二十一世紀多數的父親角色——全職爸爸：

今年三月，道恩回去工作，而我還在創業階段，我們需要有一份收入。因此，合理的做法是我專心在家照顧蘿西。從三月到七月的這段期間，我負責照顧小孩，這個安排很棒，我愛死了。我上遍各種保母課程，也跟其他媽媽到公園野餐。她們人都很好。我覺得，有時候我和朋友去公園蹓小孩，道恩還會有點嫉妒呢！

——蘿西（八個月大）與即將出生的另一個孩子的爸爸班

為什麼我們要討論想像中的父職與真實之間的差距？那是因為，新手爸爸出現心理障礙的主要原因，正是期望與現實之間的落差。加上工作與家庭生活的挑戰，以及在某些情況下身為經濟拮据家庭中，唯一的薪資勞動者所伴隨而來的重擔，新手爸爸將會面臨有害健康的沉重壓力。此外，由於不良的心理健康不僅影響爸爸本身，也危及其伴侶、孩子，甚至社會，因此每個人都應該慎重看待。我們也將在第十章看到，父親的陪伴有助於營造健康的成長環境。即使父親拼命工作可以提供許多間接好處、讓孩子生活更無虞，但花時間陪伴，對於孩子的心理與行為發展的影響是無可取代的。然而這樣的困境不可能快速或直接了當地解決，因為女人是否有可能兼顧工作與家庭，從女性主義出現的數十年來一直爭議不斷。但是我們知道某些國家的家長，可以成功地兼顧工作與家庭，理由來自於政府軟硬兼施與完善的政策，以及最重要的是，家長強烈要求改變的聲音。到目前為止你應該清楚了解到爸爸的適應能力有多強大，他們隨時可以迅速回應孩子的變化，這全是為了確保子女的生存。然而，假如在背後推動的機器——大腦——沒有同時改變，他們的行為不可能會有這麼大的彈性。幸好，為人父者的大腦經證明後，跟主人一樣能夠應變新的經驗。我們已經知道有了孩子之後，母親的大腦會出現結構性變化，也就是增進母性技能的灰質區域增多。但直到最近，學界才發現新手爸爸的大腦也有類似的現象。

二〇一四年，美國科羅拉多州（Colorado）丹佛大學（University of Denver）的發展神經學家皮爾楊．金（Pilyoung Kim），募集十六位有親生子女的爸爸，並讓他們分別在孩子出生後的二到四週與十二到十六週接受核磁共振掃描，以了解新手爸爸的身分是否導致大腦結構的任何改變。她想知道，父親身分是否會影響大腦內灰質（實際產生訊號的神經元或腦細胞）與白質（連接神經元的軸突或纖維）的面積。研究發現，位於大腦中心有關情感依附、養育行為及解讀與回應幼兒行為的區域大幅擴張。有趣的是，這些區塊不只在父嬰互動時高度活躍，也具有密度最高的催產素受體，顯示爸爸與孩子建立感情時，這些區域除了面積與活躍度增加之外，神經化學的獎勵也變多了。大腦外層的灰質也增多，即新皮質（neocortex）。這個結構主掌高階的認知功能，而前額葉皮質區（prefrontal cortex）則主要掌管複雜的決策功能——教養小孩的必備能力。金的研究證明，小孩出生前後，父親除了體內荷爾蒙變化之外，神經結構也隨著新的角色與環境情況而改變，狀況近似於孩子的母親。

這項研究首度讓大家了解到，爸爸在迎接新身分時，也跟媽媽一樣會經歷重大的生理變化。不過，在近年最令人興奮的一項父性研究中，來自以色列巴伊蘭大學（Bar-Ilan University）的神經學家伊亞爾・亞伯拉罕（Eyal Abraham）以金的研究為基礎，探索身為寶寶主要照顧者的爸爸（受試者為同性戀），並揭露驅使他們行為的神經彈性。一般而言，在家長角色依性別區分的傳統親職團隊裡，我們可以看到父母與孩子互動時，大腦活躍的區域並不同；大致上，媽媽的情緒中樞會產生反應，爸爸則是認知區域受到刺激。這樣的差異支持著他們在家庭中角色的區別，我們也會在第八章深入探討。但從亞伯拉罕的研究顯示，主要負責照顧孩子的同性戀父親大腦的情緒中樞與認知區域都出現了反應，發展出一條新的神經路徑，讓這兩個不同的區塊——一個位於大腦中心，一個位於大腦表層——互相溝通與同步動作。在此情況下，人類大腦發揮了彈性，讓這些同性戀爸爸能夠同時扮演母親與父親的角色，確保孩子擁有理想的成長環境。身為孩子主要照顧者的異性戀父親（另一半仍履行母職）是否也會如此還不得而知，但亞伯拉罕與金的研究令人訝異的是，爸爸不僅準備好迅速回應環境的變化，演化機制也能發揮彈性，讓這種快速反應同時擁有生理的基礎。

如果你是人父，可能正在努力認清自己應該在孩子的生命中扮演什麼角色，尤其是在人們對於父親的認知快速變遷的這個時代。然而，幾乎可以確定的是，當爸爸的方式跟僅僅五十年前截然不同。我們來看看西方社會裡父職彈性調整的例子。僅僅一個世代內，西方父親的改變超乎想像：在產房裡分擔妻子夜間餵奶的辛苦、換尿布、幫寶寶洗澡、準備嬰兒食物與唱歌哄寶寶。到底環境出現什麼變化，使父職有如此快速的轉變？原因有三。第一，生活在全球化的世界，不太可能與父母住得近，表示必須擔起過去通常由大家庭扮演的照顧者角色。第二，如今分娩已高度醫療化，過程極為短暫。面對這個生命中的驚人變化，你與伴侶不會在醫院裡過得悠哉愜意，而是忙著回想產前課程中練習幫塑膠娃娃換尿布的步驟，卻又對著眼前身體蠕動、嚎啕大哭的嬰兒束手無策。第三，我們現在了解，孩子的成長是多麼需要父親的付出，這意味著男性逐漸從社會（儘管反應有點遲鈍）中得到力量，在育兒方面比過去更加親力親為。

西方的父職環境已大幅改變，而爸爸利用大腦絕妙的適應力調整自身行為，克服挑戰與繼續維護子女的生存和成功。如第九與第十章將提及，這會為孩子帶來助益，因為爸爸付出更多心力引導與照顧子女。不過，儘管大致的目標相同，但每一位父親如何詮釋父職，仍牽涉各種因人而異的遺傳與環境因素。下一章要探討的就是這個部分。

第六章

爸爸是誰？

基因、心理學與荷爾蒙

純粹為了好玩，我們把事情弄得複雜一點。現在我們知道人類父職逐步演化，是因為物種遭遇到瀕臨滅亡的嚴重生存威脅。而新手爸爸的荷爾蒙分泌與大腦結構跟另一半一樣產生大幅變化，以利做個稱職的父親。另外，父親的角色具有強大的適應能力，能夠在變遷快速的世界中維護子女的生存。也清楚當爸爸這件事不只跟遺傳有關，行動才是真正的關鍵。我們更明白一個男人成為哪一種類型的父親，不是出於自由選擇，而是受到一系列複雜因素的影響，包括所處的社會、生態、經濟與生物環境，這些因素進而影響父親類型驚人的多元性。這些我們都理解。但是，其中廣泛且重要的結論遺漏了男人本身。如果我們將範圍從全世界縮小到個人，便會知道父親的身分有一部分由先天的生物、生理與心理機制所驅動，這些元素使他與其他人不同。在本章，我想探討個人的特質，藉此了解獨特的生物學與人生經驗如何影響父親的角色。首先，我們重新認識最陽剛的荷爾蒙——睪固酮。

睪固酮使男性擁有寬闊的胸襟、低沉的聲音、強壯的下顎與不擅長一心多用的特質，同時也是促使所有男性尋找伴侶與繁殖後代的荷爾蒙。不過，如第二章所知，假如你想抑制不停獵豔的目光與擁有穩定的家庭生活，睪固酮不會是你的好朋友。我們也知道，為了平衡交配的欲望與養育後代的動力（這點是物種生存的首要基礎），新手爸爸體內的睪固酮含量會在孩子出生後減少，如此理應可以提高他們對家庭的注意力，以及降低探索外在世界的欲望。但是，除了這些整體的效果之外，這種荷爾蒙也在孩子出生後發揮作用，促使爸爸成為一位體貼的父親。這裡我想討論的正是睪固酮對於每位父親所造成的影響。

所有男人都具備基礎的睪固酮分泌量，數值因人而異。這種差異使得部分男性在生殖方面比其他人更為突出，也是某些男性比較適合當爸爸的原因。在一項二〇〇二年最早探討父性神經生物學的論文中，來自美國亞特蘭大（Atlanta）埃默里大學（Emory University）的艾莉森．佛萊明（Alison Fleming）研究基礎睪固酮，對於人父與非人父聽到非親生嬰兒哭鬧聲時所做出的反應有何影響（別擔心，實驗使用錄音檔，過程中沒有任何嬰兒受到刺激）。研究利用問卷評估這些男性的反應，請他們依照十種不同情緒（譬如惱怒、痛苦、同情與警戒）的十分量表，替自己的反應打分數。另外，也測量心跳速率。她與其研究團隊發現：第一，相較於其他聆聽控制聲（與實驗無關的隨機聲響，確保受試者不是對噪音做出反應）的非人父或父親，為人父者更有同理心，更有強烈的欲望回應寶寶的哭聲。第二，也是更有利於了解個別父職行為差異的一點，那就是睪固酮含量較低的男性，不論是否身為父親，比睪固酮含量高的人擁有更強的同理心與行動力照顧哭鬧的嬰兒。佛萊明做出結論，雖然睪固酮似乎真的會影響男性從交配到育兒的轉變，但其中或許有部分轉而促成良好教養不可或缺的同理行為，而不只是捨棄繁殖的欲望。另外，每個男性睪固酮分泌量的不同，意味著一些男性比較容易、而且有更多本能展現同理行為與照顧寶寶。

人類的大腦是極其複雜的器官。如我們所知，人的大腦體積是身體的六分之一，受巨大、層層交疊的新皮質支配，讓我們能夠說話、學習、說謊與思考，還能控制我們在各方面，如感官、動作、情緒與認知，有意識與無意識的行為與欲望。為了達到這些目的，大腦製造各種神經傳導物質，並且聽從其指令，其中一些物質在前面提過，它們和受體一起刺激行為、引起感覺、影響記憶、形成想法與促使我們採取行動。大腦是一個令人著迷又美麗的器官，但除了複雜的機制之外，我們可以確定兩件事。首先，神經傳導物質很少單獨運作；第二，一直以來，演化使大腦釋放大量令人上癮且感到愉悅的化學物質作為獎勵，讓每個人發自本能地採取涉及生存的關鍵行為。進化機制也誘使我們去做正確的事情。除了將在下一章談到興奮情緒引起的腦內啡（endorphin）之外，在這些化學物質之中，時常被研究且眾所周知的就是多巴胺了。在第二章探討父親如何與未出生的孩子培養感情時，已經提及多巴胺與隨之而來的催產素，但多巴胺對於父親與孩子的關係以及父職教養的方式也很重要。不要忘了，這是驅使尋求愉悅感受的化學物質。大腦會在我們墜入愛河、把酒當歌與享用最愛的甜點時釋放多巴胺。如果你是父親，看到孩子的時候也會分泌這種物質。

佛萊明發表睪固酮如何影響父職教養行為的開創性研究十年後，同樣來自埃默里大學的人類學家與神經學家珍妮佛．馬斯卡洛（Jennifer Mascaro）、派翠克・哈克特（Patrick Hackett）與詹姆斯・瑞林（James Rilling），利用今日人類在大腦神經化學系統互聯方面的進階知識與最新的掃描技術，研究多巴胺、催產素與睪固酮之間的交互作用，以及對於父職行為個別差異的影響。他們招募了八十八位異性戀的親生父親與五十位非人父者，並請他們提供血液樣本，以測量睪固酮與催產素的基礎值。接著，他們讓所有受試者接受功能性核磁共振掃描（即時觀測腦部活動），並展示成人與小孩表達難過、開心和無感等各種情緒的照片，觀察其反應。結果指出，觀看小孩的照片時，為人父者與非人父者以及父親彼此之間出現一些明顯不同的反應（有趣的是，大人的照片並未引起顯著的反應差異）。首先，受試者的血液樣本顯示，比起非人父者，身為父親的受試者的睪固酮基礎量較低、催產素較高（平均多了三分之一），意味著所有為人父的受試者在荷爾蒙方面已準備好全心全意呵護孩子。睪固酮的低分泌量使他們能夠運用同理心，催產素的高分泌量則促使他們與孩子建立感情。此外，我們知道低睪固酮含量可促使催產素利於男人的父職行為，使這種神經化學物質的組合成為親子關係的完美催化劑。第二，功能性核磁共振掃描的結果指出，父親的大腦中有關同理心、識別臉部情緒與重要的多巴胺獎勵中樞的區域，比非人父者還要活躍。

因此，爸爸比較擅長且專注判讀孩子的情緒，進而獲得強大的多巴胺回饋。但是，在身為父親的受試者當中，睪固酮分泌量最少的人，腦中負責辨識臉部表情與獎勵中樞的區域活躍度最高，表示這些爸爸是受試者之中最擅長理解情緒、也是多巴胺分泌量最多的人。睪固酮分泌量低，不只可全心專注在家庭上，也變得更具同理心，加深催產素對於與寶寶關係的美好作用，並且得到無比巨大的多巴胺獎勵。當我告訴爸爸孩子將會抑制其睪固酮分泌時，他們通常都會心一笑——從這時起，他們的陽剛特質將慢慢減弱。但說真的，用一點點睪固酮換來親子關係的美好與大腦最棒的神經化學獎勵，沒那麼吃虧，對吧？

因此，對比長期認為父職是後天學習而非本能現象的觀念，越來越多支持荷爾蒙影響父職角色的證據表明，父性與母性一樣都是真實的本能。男性的催產素分泌量與懷孕的另一半一致，以及在孩子出生後睪固酮分泌量的下降，再到催產素、多巴胺與睪固酮之間的交互作用，演化機制盡力讓父親成為願意照顧、保護與付出的生物。然而，儘管人們在父職的神經化學機制的知識日益成長，但是對於這些重要化學物質的基因的複雜性，以及環境對於這些基因表現的影響，至今依然蒙上神祕色彩。

自從達爾文（Charles Darwin）第一次看到加拉巴哥雀（Galapagos finch）進而有進化論的出現；格雷戈爾．孟德爾（Gregor Mendel）發揮綠手指的天賦，種植了色彩繽紛的雜交豌豆以來，關於人類個體行為有多大程度由基因所決定及經驗形成的爭議也不間斷。十七世紀，英國哲學家約翰．洛克（John Locke）主張，人在剛出生時是一塊白板（源自拉丁文tabula rasa），思想與行為完全由經驗塑造；然而，那些基因決定論者認為，我們的人生道路完全由基因所支配，經驗對於最終目標沒有任何影響。真相往往介於兩個極端的看法之間。隨著發展出越來越高超的基因解碼技術，以及更了解受基因影響的行為，我們正逐漸認識一些基因影響行為的主要原則。第一，某些基因比其他基因更能影響我們的行為。百分之四十到八十的反社會行為是先天的，不過遺傳學者布蘭登．傑許（Brendan Zietsch）於二〇一五年的研究卻提出，對伴侶不忠的可能性取決於基因，女性有四成的機率，男性則有六成三——這個想法有點嚇人。第二，一些行為受到不只一個基因，或是單一基因多於一種變化的影響。某些情況下，會導致「劑量反應」（dose response），也就是說，若你帶有比別人多的「風險」基因（一些基因會有這種表現，且與負面行為有關），就越有可能出現負面行為或做出嚴重的負面行為。最後，有人認為某些情況下，先天與後天共存於一種回饋機制之下，如此一來，假使個體遭遇特定的心理狀態或人生經驗，風險基因便只會導致負面行為。因此，光是具有風險基因並不會出現負面行為，這只在特定的環境條件下才會展現。

父性遺傳學是非常年輕的領域。有鑑於父性的學術研究發展僅十年多，因此我們才剛開始試著了解其遺傳基礎，這並不令人意外；在開始探索行為與神經化學是否受到遺傳影響之前，我們必須對它們有深刻的認識。然而，在現有的少數相關研究已完美反映了遺傳學與環境的密切關係。在針對非裔美國少女犯下嚴重與暴力罪行可能性的分析中，美國愛荷華州立大學（Iowa State University）社會學家麥特・德里西（Matt DeLisi）研究多巴胺受體基因（DRD2）與父親是否身為罪犯、登記在案的犯罪率，以及與警方接觸間的相互作用。DRD2分為有風險與無風險兩種。有風險的DRD2會引起各種反社會行為以及酗酒和海洛因依賴等成癮症。有鑑於此，德里西取得兩百三十二名少女的DNA樣本，並研究有風險的DRD2基因與女孩犯罪可能性之間的關聯。他發現，光是具有這種基因，並不能代表少女就會犯罪，因此，這裡並未得到任何支持遺傳決定論的證據。不過，如果同時分析犯罪少女的生父是否有犯罪紀錄，便可釐清其中的模式。倘若少女的父親是罪犯，而她又具有風險的DRD2基因，則她遠比其他人有可能因暴力和嚴重違法行為與警方有過接觸。如果少女的父親有犯罪紀錄，她體內有風險的DRD2基因才會外顯。這是先天與後天共生共存的完美例子。

同樣地，如果親生父親有酗酒的習慣，那麼具備有風險的多巴胺運輸基因（DAT1）的孩子才比較容易酒精上癮。犯罪學家傑米．瓦斯基（Jamie Vaske）發現，同樣地，在考量基因或父親是否酗酒的影響時，這兩個因素若單獨存在都不會增加少女犯罪的可能性，關鍵在於是否並存。然而，就這種案例而言，父親是否與小孩同住似乎沒有太大影響，他們的酗酒習慣對於不幸具有風險基因的孩子也是如此。這意味著在此案例中，酒鬼父親會影響到孩子，不是因為他的習慣衝擊了孩子的成長環境，而是基因遺傳的結果——記住，這裡說的父親與孩子具有血緣關係。孩子從酒鬼父親身上繼承來的一個或一組基因與有風險的DAT1互相結合，導致酒精上癮的機率增加，這就是基因的劑量反應。由於酗酒行為相當容易遺傳（據信遺傳是四到六成酗酒案例的成因），數種遺傳因素相互作用而造成的結果也是意料之中的事。

假如我們只看德里西與瓦斯基的研究結果，或許會歸結這些孩子從父親那遺傳到的都是成癮症與反社會行為，但幸好這個情況不太可能發生。由於父性遺傳學的領域才剛興起，試圖解決社會問題的研究一向會優先得到資助，接著才是那些評估撫抱孩子、教孩子踢足球或模仿天線寶寶逗孩子笑的行為受遺傳多大影響的研究。隨著時光流逝，父性遺傳學領域逐漸發展，大眾將轉而關注較為正面且普遍的行為，我們也將開始挖掘父親無可避免地遺傳給孩子所有的美好特點。

雖然個別的父職行為受到催產素、睪固酮與多巴胺三者調和的強烈影響，但是大量的激素分泌，還不足以塑造一個對孩子體貼呵護的家長——另一塊神經拼圖也必須存在：受體。大腦的受體就像門鎖，有合適的神經傳導物才能打開，讓訊息在大腦中傳遞。受體在一個區域中的數量，以及與神經傳導物之間的吸引力——即門鎖與鑰匙的密合程度與訊息傳達的效率——因人而異。催產素受體基因（OXTR）非常多變，會有許多不同的版本，因此，這可能是導致受體密度與效率不同的原因。OXTR基因牽涉各種有關社會經驗的行為，例如擅長對愛人說情話、談戀愛的可能性、朋友的多寡及社交生活的活躍度。另外，也與父職行為的好壞有關。與OXTR並列的，是另一個簡單命名的CD38基因，其有助於催產素的生成，似乎也會影響父親與寶寶間的互動。

OXTR與CD38基因都有其風險版本——記住，這表示它們與負面行為有關。似乎與社會行為的缺陷及催產素基礎分泌量低有關連，使帶因者難以建立與維持社交關係。有社交障礙的個人（譬如自閉症患者）大多帶有風險版本的OXTR與CD38基因，而具有這些基因的父親似乎也很難與子女建立健康與敏感的關係。發展心理學家費爾德曼與其團隊，探究風險版本的CD38與OXTR基因對於父親的影響，觀察研究對象所表現的障礙。在她研究的一百二十一位父親之中，帶有CD38或OXTR風險基因或兩者皆有的人，與六個月大的親生孩子互動的敏感程度較其他人低。研究團隊觀察這些父親與孩子的互動，發現他們溫柔撫摸小孩的可能性遠比其他人低，而且會試圖避免眼神接觸，這代表親子間缺乏促成關係必要的生物行為同步。這些父親的血液樣本分析結果提供了一些解釋：帶有CD38或OXTR風險基因的爸爸，體內的催產素（連帶影響多巴胺）比其他人少，表示與親生孩子的互動不會如正常情況帶給他們溫暖與得到獎勵的感受。他們與孩子之間缺乏培養感情的神經化學指令。

我是說，看看我的父母親，他們的個性截然不同，但我和他們相處就像朋友一樣，我也想和喬瑟夫培養這樣的感情。我期待他會失望地說，「噢！老爸！」但除此之外，我也希望和他建立更深刻的友誼。

——喬瑟夫（六個月大）的爸爸約翰

雖然基因明顯會影響我們教養孩子的方式，但接受教養的經驗無疑會深刻影響個人的教養風格。相關的早期證據來自於應該獲封為「本世紀最有貢獻的科學家」的一項研究。在二十八年間，發展科學家妮基・高文（Nikki Kovan）、艾莉莎・鍾（Alissa Chung）與艾倫・斯魯夫（Alan Sroufe）持續追蹤六十一個家庭，試圖了解這些家庭的子女成為家長時，有多大程度反映父母的教養行為。他們在這些子女兩歲時錄下親子間的互動情形，之後做些喝咖啡與思考等學術活動。等到這些子女當了父母，其孩子滿兩歲時再次錄影。比較兩組錄影帶後發現，這兩組父母的教養行為出乎意料地雷同，相似程度高達百分之四十三。這表示我們各自的教養行為有很大一部分其實遺傳自父母，但這種遺傳的確切本質是經驗造成的行為，還是遺傳而來，依然不明。

加拿大蒙特婁大學（Montreal University）的丹尼爾・佩胡斯（Daniel Pérusse），著手利用同卵雙胞胎的基因相似性解開這個棘手的網絡。雙胞胎研究是科學界的天賜之物，因為它們仰賴兄弟姐妹在成長過程中會經歷相同環境的事實而存在，但同卵雙胞胎擁有相同的基因組成，而異卵雙胞胎則像任何一對手足一樣具有遺傳關係。如果行為是遺傳得來，則同卵雙胞胎之間的類似行為應該會比異卵雙胞胎多，因為他們擁有更多共同的基因。這些研究讓我們可以不必大費周章抽取與分析任何人的DNA，就能推論基因的作用，這表示我們可以研究更多人來鞏固結果的基礎。丹尼爾研究了一千一百一十七對為人父母的雙胞胎自述的教養行為。當中，有六百七十五對為同卵雙胞胎，其中一百六十九對為男性，五百零六對為女性。他比較同卵雙胞胎與異卵雙胞胎的教養行為時發現，同卵雙胞胎共有的教養行為比異卵雙胞胎還多，意味著這種行為會透過基因遺傳後代。然而，這種相似性在女性的雙胞胎身上較為顯著，也就是身為母親的雙胞胎比男性雙胞胎呈現更多類似的教養行為。根據丹尼爾的估算，百分之十九的父職行為受到遺傳控制，女性的教養行為則有百分之三十九。

就基因控制而言，百分之十九是相當高的比重，如果考量教養行為的複雜性與範圍，這個數字更顯得驚人，因為其中牽涉不計其數的基因。令人驚訝的是，將近五分之一的父職行為是天生的，也就是先天就被編入基因密碼中。然而，另外百分之八十一的父職行為差異則由其他因素所造成，其中影響最大的肯定是環境，這裡指的不是任何環境，而是成長的環境。

我們知道，年幼的哺乳動物大腦中催產素路徑的發展，會受到成長經驗的影響。受到母親妥善照顧的哺乳類幼兒，大腦中有關社會行為的區域擁有較高密度的催產素受體，比較能夠面對壓力，未來組成家庭後也比較會照顧子女。人類可能也是如此。我們容量巨大的腦部需要一些時間發育，而嬰兒的大腦在出生後的一年內，會繼續以飛快的速率成長。因此，寶寶在這段期間接收到的教養經驗會深深影響大腦的結構——生命最初的一千個日子（從懷孕到孩子滿兩歲的期間），對他們的健康發展至關重要。如果孩子在這個時期得到父母無微不至的照顧（有助成長而非過度插手、保護而非凡事控制），那麼孩子應該能夠發展出健康的大腦，並且在當下與未來建立緊密且穩定的人際關係。

實現這個目標的一種方式，就是鼓勵親子間的同步行為——模仿彼此的身體語言、言語、聲音與情緒。這裡指的是互相凝視、反映身體語言、回應對話或玩耍的請求，以及關心寶寶的情緒和需求。如果家長可以做到這一點，生物行為機制便會啟動——記住，有賴於此，懷孕期間家長兩人的催產素分泌量才會達到一致，進而強化彼此的關係。同樣地，寶寶與父親也會在情感、生理與荷爾蒙方面一致，最後發展出親子之間緊密且健康的關係。不用說，這項假說的創始者露絲·費爾德曼早已做過驗證。在針對六十個以色列家庭的長期研究中，她證明孩子在三歲時與父母的基礎催產素分泌量之間存在重大的正向關聯。暗示行為與生理機能——心跳、血壓與體溫——的確會導致荷爾蒙同步化。

令人驚奇的是，這種同步作用可以在幾分鐘而非幾年內達成。歐姆利·威斯曼（Omri Weisman）與奧爾那·札古里-雪倫（Orna Zagoory-Sharon）探究人工催產素如何影響三十五位父親教養五個月大的親生孩子。催產素是少數可在實驗室製造的神經化學物質，因此，我們可以利用它在實驗中引發培養感情的行為。在此情況下，歐姆利與奧爾那請這些爸爸向自己的鼻子噴灑合成催產素或安慰劑（受試者不知道噴灑的物質）。這個動作使催產素得以經由最直接的路徑隨血液流到腦部。然後，他們觀察爸爸與寶寶的互動。結果發現，吸入合成催產素的爸爸比較關心寶寶，也出現比較多與寶寶一致的行為。然而，更令人興奮的是，儘管這些寶寶並未吸入任何物質，他們體內的催產素分泌量也同時增加，呈現生物行為的同步化。

所有為人父者都可以不借助這種噴劑努力實現重要的效果。經常有人問我，父母可以為小孩做最重要的事情是什麼。我總回答，除了照顧之外，最重要的，就是花時間專心陪伴孩子、與他們有生理上的接觸、建立眼神交流、透過聲音或言語「對話」、進行對彼此有利的互動、經常撫摸，還有學著觀察他們的情緒需求以便適當回應。如果能這麼做（一次也只需要五分鐘），就可提供孩子緊密情感依附的堅定基礎及運作良好的催產素與多巴胺系統。這樣的話，他們便可以繼續邁向成功的生活，迎接所有的挑戰與獎賞。

教養風格與寶寶的催產素發育之間的密切關聯，也代表你與寶寶建立的緊密關係有潛力可以跨越世代。父親與上一代之間的依附關係，對於本身的催產素基礎值與教養孩子的敏感度具有重大影響。認為自己與父母擁有溫暖和穩定親子關係的爸爸，催產素分泌遠比童年遭父母過度控制或忽視的同輩高出許多，也比較能夠察覺孩子的需求。父親的成長環境對於他教養子女的方式有深刻且極為真實的影響。催產素基礎量高的家長會關懷與呵護孩子，進而使子女擁有大量的催產素，這些子女將來也會成為關心孩子需求的父母，如此不斷地循環。

多數的父職研究來自英國、澳洲與美國，還有費爾德曼研究豐富的實驗室所在地以色列。然而，最能表明教養行為與兒童腦部發展有密切關聯的證據，於近期出自中國。在二〇一六年的研究中，北京師範大學（Beijing Normal University）的實驗心理學家顏佳（Jia Yan）、韓瑞秋（Rachel Han）與李佩佩（Peipei Li），探討世代之間教養方式的傳承，以及這個傳承如何影響父親面對孩子負面情緒的反應。

三位調查了來自中國兩個城市，共一百七十二個家庭的親生父親。他們請這些爸爸完成三份問卷；一份請他們回憶十六歲之前受父母教養的經驗，一份評判自己處理孩子負面情緒的能力，另一份則是關於處理自身負面情緒的能力。這樣的設計旨在了解父親接收的教養方式，與面對子女突如其來的負面情緒的能力是否有關——還記得前面提過，孩子小時候與父母建立穩定的依附關係，長大後便能擁有良好的催產素系統與解決生活壓力的能力。研究結果顯而易見。年幼時受到父母細心照顧的爸爸，擅長處理子女的棘手行為，能夠給予支持，最終與子女擁有更融洽的感情。相較之下，從小受父母嚴格控制的爸爸，比較不擅長處理孩子的負面情緒。他們會施予嚴厲的懲罰或忽視孩子的舉動，可能會隨時控制孩子或漠不關心。這群科學家得出結論：從小受父母過分控制的人，長大後可能難以讓自己的子女「在情緒上適應社會」——如何以健康的方式處理與表達情緒。由於父親的關鍵角色是培養孩子的適應力與情感力（這部分將在第十章詳述），這些研究發現對於孩子未來的心理健康意味深遠，並且顯示一種可能性——假如缺乏某種介入，不良教養的模式將持續代代相傳。

關於顏佳的研究，我尚未提及的是，一個世代的不良教養行為傳到另一個世代的可能性，會受到父親自身調節情緒的能力所影響。如果他能理性與健康地處理自己的負面情緒，便能克服童年的不幸經驗，並適當與敏銳地回應子女的激動情緒。然而，如果他無法控制自己的負面情緒（缺乏有效回應的工具，或者發現自己無力承受情緒），便無法抑制衝動，那麼在這種情況下，童年時期的經驗也會影響他與子女的關係。

但是，從顏佳及本章先前提過其他有關教養基因遺傳的研究中，我們可以確定，幼時經歷過不良的教養，並不一定表示未來無法成為支持孩子的父母。這兩者並沒有如此明確的關聯。無論你是否走出童年創傷，以「新好男人」的身分踏上父職的道路，端視許多心理（包含心理健康與個性）與遺傳（基因在多大程度上發揮保護作用或使你勇於承擔風險）的因素而定。不過，假使你一直以來都有遺傳或心理方面的缺陷，也不代表絕無翻身之地。在英國，親子計畫（Parent Infant Project）底下有幾個出色的組織（書末有詳細資訊），致力協助家長克服先天傾向——許多源自從小受到的教養或不幸的生活經驗——以成為關心孩子需求的傑出父母。此外，雖然我們可以找出影響個人教養方式的眾多因素，但不表示我們知道成功教養的「公式」。因為，總會有一個未知的元素：不論生活或先天條件帶來怎樣的考驗，都有必要時做出改變與努力成為理想家長的意志。

因此，沒有一個因素可以全盤定義父親的角色，他在某種程度上是由自身的基因與經驗塑造而成，但這兩個因素也並非單獨存在。一個男人所接受的教養會影響他為人父親的方式，但兩者之間並沒有直接的關聯，因為個性也會發揮作用。個性本身融合了各種基因與經驗，光是這個因素就令人頭大。雖然如此，若要解釋我們接下來將看到父親的個體差異，就必須了解個性如何影響一個人的教養行為。

試想這個場景：正在學走路的孩子，坐在兒童椅上準備吃午餐。你有時間壓力，因為他早上睡得比較晚，而你得趕在帶他去醫院做檢查之前做好午飯。你親自準備、精心設計兼顧營養與美味的餐點端到他面前。看看這些飯菜，廚房置物架上的兒童營養書籍可不是擺好看的。然而，你的孩子顯然沒有看過那些書，不知道眼前的健康食物對他有何好處。大事不妙，他不開心，把食物丟到地上。接著，他試圖從兒童椅上溜走，直往點心櫃跑去，心想那裡一定藏有巧克力餅乾。你把他抓回椅子上，匆匆做了一個三明治，試著用玩具分散他的注意力，好在他張嘴時把食物塞進去。吃完午餐後，你幫他穿鞋。但他不願意配合，還大哭大鬧，於是你花了很長的時間安撫這頭小野獸，順利將鞋子套上他的腳。最後，你棄械投降，隨便幫他套了雙長靴。終於，孩子吃了一點東西、著裝完畢，你要帶他走到門口時，聞到一陣熟悉的氣味。你氣得大吼大叫，一把抱起他走去換尿布。

你會有什麼感覺？你也許能應付自如，接受這就是照顧小孩會有的混亂情況。或者，你會覺得孩子是個小惡魔，自己是史上最無能的家長。一切主要取決於你的個性。可別忘了，人們普遍認為，性格是由所謂的「五大特質」——盡責性、外向性、神經質、開放性與親和性——所組成。當我們看著這個情境，再想到每個人都是由五種特質組合，便會逐漸明白個性如何影響我們教養孩子的方式。傑．貝爾斯奇（Jay Belsky）是教養研究的先驅。早在一九八四年他就提出，家長的教養方式受到三個主要因素所影響。一是他們本身的遺傳與心理的資源；二是孩子的氣質與個性；三是他們可以借助的外部支持資源與承受的壓力來源。不過，貝爾斯奇表示最重要的是第一個因素，而影響這個因素最關鍵的元素是個性。這是因為，健康的心態——具備高度親和性與開放性——可以緩衝管教不聽話的孩子，或者在婚姻或工作環境中缺乏支持的壓力。因此，如果我們的個性非常神經質，可能會預期與認為自己的孩子行為欠佳，也會感覺自己比其他人（譬如個性親和的人）來得孤立無援。或者，如果我們有責任感，便會努力做好父母的本分，但卻發現孩子在井然有序的生活中難以面對威脅。因此，我們也許會比個性開放與樂於迎接新經歷和挑戰的人有更大的壓力。

我對於新手爸爸的研究似乎證實，父親的個性會影響他對父職經驗的看法。由於我大多在爸爸迎接新生兒的前幾週進行研究，因此，研究初期我很快便注意到，男人的個性會影響他對孩子出生的看法。我記得有一次我在吉姆的兒子尚恩剛出生幾週後拜訪他。聽他敘述自身經歷時，我清楚認知到（至少是客觀了解），他曾有過一段相當不幸的時光。他的孩子被迫經由緊急剖腹生產，使他有很長一段時間必須被隔絕在手術過程之外，而在那之後，他的妻子大量出血、有生命危險。那時，他一個人抱著寶寶，忐忑等待妻子手術的結果。我問他，當時怎麼面對這一切，還有這段經歷是否對他的心理造成長期影響。我設想這個創傷至少會遺留一些痕跡。他的回答令我驚訝，也讓我學會永遠對人的韌性心存謙卑。他說，那很難熬，但當時他對自己說，他處在最佳狀態，一切都會沒事的。他解釋，從那之後，他就不再對孩子的出生感到苦惱。他不會問「假如怎樣？」而是深信，過去的事不要再回想，向前走才是最好的做法。後來情況好轉，他很幸運，而沉溺在已經發生的事情毫無意義。對我而言，這是一個有益的教訓。

過了一個禮拜，我拜訪柴克，請他談談迎接兒子出生的經驗。現在，這些研究初期的訪問通常為時短暫，因為除了確定他們一切安好與進行抽血，新手爸爸不希望我占用太多寶貴時間，但是那天晚上，我和柴克談了一個多小時。客觀說來，他的寶寶出生過程相當順利，甚至可說是某些父母夢寐以求的事。水中生產加上極少的人為干預，一個名為艾登的漂亮寶寶誕生了。但是，柴克備感折磨。他看到妻子受盡苦頭，自己卻無法替她緩解幾乎不能忍受的痛苦，那段時間內心充滿負面情緒與不時重現的回憶。他甚至會懷疑，假如又有了孩子，自己是否有勇氣踏進產房第二次。吉姆與柴克的不同之處在於個性，而個性是我所有研究起初都會評估的元素。一件事可能對於一個人是創傷，對另一個人則是可以面對後不再想起的情況。因此，爸爸必須知道，談論、思考或面對自己的教養經驗，並沒有一定正確的方式，基於你的個性，這將會是獨一無二的。

個性不只會影響父親與子女的關係，也會隨著時間影響整個家庭。由洪萊恩（Ryan Hong）率領來自新加坡國立大學（National University of Singapore）的心理學團隊，花了一年的時間追蹤兩百六十三名育有七歲小孩的父親。他們想探究父親的個性是否會影響他本身看待孩子行為的方式、與他的教養行為，以及他的家庭到了研究後期的凝聚力有何關聯。

團隊發現，在小孩能夠控制或表達自身情緒的家庭中，父親的教養都充滿正面支持，無論他的個性有多麼神經質。相反地，如果孩子在這方面有障礙，高度神經質的父親比較無法妥善面對，他們容易過度反應、嚴格控制小孩以抑制其行為，並一改溫暖與支持的態度以作為懲罰。開放性高的父親能夠適當引導傾向出現負面感受（不安、恐懼或憤怒）的孩子，或許是因為樂於接觸新的經驗與挑戰的特質，使他們不會將孩子的行為看得特別棘手或沉重，也就是說，他們能夠順其自然。孩子個性活潑好動（用各種花招挑戰父母的體力）的父親，如果人格特質以親和力為主，則比較能有效管教孩子，因為他們可以配合孩子的精力旺盛與熱情奔放。至於盡責的父親，則能夠設法解決孩子難以控制情緒與行為的挑戰，原因或許是他們注重常規與紀律的個性可以發揮影響力。

當爸爸是一項複雜的工作，有很多事情需要學習、監督、注意與達成。而一個人如何完成這些任務，也一樣複雜。雖然你是基因與經驗的總和，但這不是你的全部。一些人確實能夠克服最不幸的童年與最具風險的基因組成，成為最棒的父親，這是因為我們在出生、滿一千個日子甚至到目前為止，最後會走到哪裡，尚未完全底定。人類最美妙的一點，是能夠反省與思考自己希望成為怎樣的人，並以此決定自己的最終目標。會需要下一點功夫，但如果有了適當的協助，是可以做到的。可能是與伴侶、家人或朋友聊聊自己的經驗與困難，或者尋求專業顧問的協助，請他幫你定義、探索或克服天生的本能或行為。抑或是需要本書末所列的出色組織的密集協助，協助為人父母面對人生經歷與建立緊密與健康的親子關係。如果你意志堅定，便有可能成為你心目中的理想父親。

第四部

初來乍到

第七章
寶貝我愛你！
玩耍、歡笑與培養感情

想像這個畫面。一位父親結束漫長的一天，從公司回到家裡。打開家門，還來不及脫掉大衣，蹣跚學步的女兒就開心大叫地跑過來，張開手臂擁抱他。這位父親抱起女兒，跟她玩了一次又一次的拋高高遊戲。不久，這個小女孩和父親笑得歇斯底里。之後，女孩在沙發上蹦蹦跳跳，他拉著她的手，讓她可以使力跳得好高好高。他決定用搔癢結束這場即興的跳床遊戲，接著帶她在房間裡玩飛高高的遊戲。最後，父女倆玩到精疲力盡，累癱在沙發上，但臉上洋溢滿足的笑容。爸爸回家了。

如之前章節得知，父親與孩子建立深厚的感情，是孩子生存與成功的基礎。

然而，現在我們也知道，爸爸除了先天的催產素與睪固酮會改變之外，並不會經歷懷孕與分娩，讓媽媽優先在親子關係中獲得連結的極端生理變化。那麼，是什麼讓父親與孩子之間發展出這些重要連結？

在第二章，我們討論過父親與未出生孩子之間的連結，但在本章，我想探討父親與出生後的孩子應該建立更重要關係的經驗。對母親而言，分娩牽涉大量的神經化學物質，其存在是為了啟動和控制分娩的路徑，以及舒緩產婦無可避免的痛苦。幸運的是，這些神經化學物質，如催產素與β-內啡肽，都有很棒的副作用：替母親與孩子的連結奠定基礎。β-內啡肽本身是一種獎勵化學物質，而催產素由於和多巴胺關係密切，也會引發媽媽的愛意與陶醉感，可以幫助維繫與寶寶之間的關係，不管那些漫長的白天與黑夜多麼難熬。雖然孩子的出生無疑會使父親的情緒產生巨烈起伏，但他缺少隨分娩而來的極端生理與情緒挑戰，意味著他必須藉由與孩子的身體和口語互動，產生重要連結所需的神經化學物質以發揮作用。在孩子出生後的前幾天或前幾個星期內，可能不太容易找到機會與孩子互動。因為這段期間寶寶的生活幾乎由作為食物與安慰來源的母親所支配，父親可能很難介入。在這個時間點，他們肯定是新家庭不可或缺的一分子，支持母親的另一半，負責接待訪客與維持家計，但要找到一個專屬於他與孩子的活動並不容易。理查在孩子出生後的感覺，是大多父親都有的經驗：

我很難相信佛羅倫絲和自己的關係，還有將她的出生與我和莎姆聯想在一起。我想這是因為我們身在醫院的關係。醫護人員把她交給我，然後又放在保溫箱裡，之後莎姆傷口縫合時，又再一次交到我手上。這顯然是很特別的經驗，很難形容。那時我不覺得自己像個爸爸，我的腦袋有點來不及理解發生了什麼事。我只知道，我和莎姆在房間裡陪著寶寶。

——佛羅倫絲（六個月大）的父親理查

長期而言，與孩子培養感情肯定是一段值得的過程。然而短期看來，這可能是新手爸爸最大的壓力與焦慮來源。

就許多父親來說，如理查，雖然他們在孩子誕生的那一刻感到驕傲與解脫，但通常不如預期來得父愛泛濫與情感深厚。接下來的日子裡，如果夫妻選擇哺乳（母嬰之間的親密行為，父親可以協助與觀察但不能參與）以及如果寶寶發育緩慢，這樣輕微的分離感會加深，表示爸爸與孩子互動的機會降低，而且小孩鮮少能夠認得父親。這種處境可能會令爸爸難以面對，使他感覺自己像個「次要家長」，只能扮演負責擺設居家裝飾與準備三餐的角色。柴克的經驗呼應許多新手爸爸的處境：

> 我發現剛開始的三個月顯然是最難熬的，既睡不飽、又不能跟兒子有真正的互動。生活就是換尿布、餵奶、拍嗝和安撫他的工作無限循環，不過一旦撐過那三個月，就會開始得到回報。例如，看到寶寶第一次露出笑容，那種感覺美好得不可思議，之後還會聽到他第一次發出笑聲、看到他有更多的反應。
>
> ——艾登（六個月大）的父親柴克

人類寶寶在出生時極度地無助，除了喝奶、睡覺、哭鬧、撒尿和拉屎之外什麼都不會，這一連串沒完沒了的戲碼，是任何新手爸媽習以為常的事。沒有機會與小孩互動、加上尚未發展的關係，這段時間對新手爸爸而言極其難熬。我長期追蹤一些父親，發現準爸爸在小孩出生之前憂心忡忡、興奮不已且蓄勢待發，但是到了寶寶出生兩週後，總是變得筋疲力盡與驚慌失措。在我近期的調查，有一位爸爸自認有段期間得了「產後憂鬱症」，他覺得剛出生的女兒不喜歡他，因為他無法像太太那樣安撫她。爸爸會試圖做個稱職的父親（幫寶寶換尿布和日夜餵奶），但他們沒有得到先前想像的那種緊密的親子關係。失落感加上睡眠不足與瞬息萬變的教養速成課，徹底擊潰新手爸爸。然而，幾週過去，寶寶視力進步，開始認得爸爸，也會對他微笑或傻笑，父嬰關係逐漸開始有了轉圜。孩子到了大約三個月大時開始會玩耍，六個月開始吃固體食物，這帶來挖掘樂趣和父職參與的無窮機會——只要你對樂趣的定義是，被樂不可支的嬰兒把吃得稀巴爛的蘋果塗滿全身。

一些父親將理想期望與現實情況的落差描述為「父職延遲」，毫無疑問地，爸爸往往會說，以深度、廣度與複雜度而言，他們的親子關係在寶寶六個月大與剛出生時所感覺到的截然不同。家庭研究的鼻祖拉爾夫．透納（Ralph Turner），在一九七〇年撰寫論文時注意到這個現象，主張父嬰連結的發展分為兩個階段。多數的爸爸在孩子出生時，都會經歷以催產素為基礎的第一階段，仰賴父親與孩子因血緣而來的生物關聯性。姍姍來遲的第二階段，則建立在共同的生活與互動之上，並由更強大的連結化學物質β-內啡肽所推動，促成更加深刻的愛。

如果你是新手爸爸，孩子出生的初期可能不太好過，但你可以做一些事來舒緩焦慮感與把握終將形成的親子關係的一絲機會。嘗試與尋找適合自己的親職工作是不錯的點子，如在第四章提及，按摩一向是促進與寶寶連結及鼓舞心情的好方法。其他父親則跟上親子閱讀活動的流行，唸睡前故事給寶寶聽——孩子也許聽不懂、或甚至無法專心看書中的圖片，但與寶寶有肢體接觸以及讓孩子聽到聲音的機會是無價的。要記得，肌膚之親不限於孩子剛出生時。把握每一個可以貼著皮膚與孩子親密依偎（可能寶寶穿著尿布）的機會。有爸爸告訴我，這是世上最美好的經驗。

所有第一次當爸爸的人都覺得，要等到寶寶比較能夠自主的時候，他們才算是盡到責任，並且可以體會嚮往已久的親子關係。在這個時刻，爸爸有機會在與伴侶同等的立足點上照顧孩子，以及透過一些與父親專屬的親子互動讓腦內啡發揮作用：

我們的互動確實不同。並不是我會跟他打打鬧鬧，可能是我們的互動還有抱他的方式都不像莎拉那樣，也有可能只是因為他被我高高舉在空中，感覺很開心。換作是莎拉，她就會有點緊張兮兮的。

——喬瑟夫（六個月大）的爸爸約翰

因為，一旦寶寶脫離剛出生那段睡飽喝奶、喝飽又睡的舒服日子，專屬於父親的特殊互動形式就會出現：打打鬧鬧的玩耍。一開始，可能只限於扮鬼臉逗弄不會說話的小寶寶，但在之後，這種互動將會是肢體碰撞與經常穿插其中的開心大笑，而孩子的母親通常會因此提心吊膽。大家時常可以看到這種情景：爸爸把孩子拋在空中、讓身體轉上轉下，還有拼命搔癢，這當然很好玩，但也是親子間建立與維繫感情的必要行為，這在進化史上存在已久。從比較研究中明顯可知，很多動物都會一起玩耍；其實，科學家正是在人類的遠親——老鼠——身上觀察到這種行為，才主張玩耍的舉動不僅有娛樂功能，還是嬰兒發育的關鍵基礎。基於這件事在漫長進化史上持續已久，一定在人類及許多其他哺乳動物的生存有必要的關聯。

事實上，進化扮演了重要的角色，使父親與嬰兒不自覺傾向出現這種有趣的互動模式。如同我們在其他行為上樂在其中，親密摟抱、吃比薩和觀看小貓的影片，打打鬧鬧地玩耍可以刺激大腦分泌大量獎勵化學物質。這些化學物質當中，對於父嬰連結最重要的就是β-內啡肽，現今其被認定有助人類與其他靈長類動物建立長期關係的化學物質。

β-內啡肽是種驚人的化學物質，是身體天然的鎮痛劑，而且是許多主要生理機能運作的首要基礎，包含消化及心血管與腎臟系統的調節。但是，這種化學物質的作用只在大腦裡才顯而易見。β-內啡肽受體位於大腦所有的重要區域，包含邊緣系統內大腦核心與新大腦皮層內的外表面。這代表它會影響恐懼與鍾愛等最基本的情感經驗，以及有意識的大腦皮質經過思考與認知處理的決定，譬如在社會與技術層面都十分複雜的現代世界中生活的能力。正是範圍廣泛的職責，使得β-內啡肽坐穩連結化學物質之首的寶座，因為能夠支持人際關係的許多枝微末節，而且會令人上癮！這是身體的天然鴉片，一旦有人經歷過引發這種化學物質的互動，就會繼續做一樣的事以得到更多的β-內啡肽。β-內啡肽引起的溫暖、親密、興奮與快樂感受讓人欲罷不能。許多行為互動都能滿足這種癮頭，包含笑聲：

我似乎非常、非常容易就能逗他笑，讓他笑個不停，而且有很多次我只是在他旁邊跳來跳去和嚇他而已。我會對兒子做我太太從來沒想過的事情，這些事只屬於我們之間。我是唯一一個幾乎只要做動作就能讓他笑的人。我以此為傲，我們之間也慢慢培養出一點感情，而我從來都沒想過會發展得這麼快。

——克里斯多佛（六個月大）的爸爸威爾

我們知道人類彼此碰觸、大笑、唱歌與跳舞時，會分泌大量的腦內啡。其實，在我牛津由羅賓・鄧巴（Robin Dunbar）教授帶領的研究小組率先進行的研究顯示，人類的人際關係，從簡單的雙人比賽到大型足球賽，這些活動都有利於β-內啡肽分泌以建立連結。如果這些活動可以同步進行，譬如划船比賽中船上八名舵手動作整齊劃一、唱詩班成員合聲一致或者喜劇秀觀眾同時發出笑聲，那就更好了。

直到近期，學界才找到決定性的證據證明，腦內啡也是親子連結的關鍵。在二〇一六年發表於《大腦、行為與免疫》（*Brain, Behavior and Immunity*）期刊的論文中，艾蒂．歐默爾-雅尼夫（Adi Ulmer-Yaniv）與其同事研究β-內啡肽、催產素與介白素-6（interleukin-6，一種新發現的人體化學物質，與壓力免疫反應有關）的分泌如何影響戀愛關係與親子關係的形成。歐默爾-雅尼夫主張，身體的親和、獎勵與壓力系統，都與連結緊密人際關係中依附情感的發展有關。催產素降低形成關係的阻力，β-內啡肽提供上癮的獎勵，而介白素-6代表建立新關係的必然壓力——我們都記得陷入初戀時的忐忑不安。她的研究包含了二十五對剛交往的異性戀伴侶、一百一十五對育有四到六歲小孩的新手父母，與作為對照組的二十五名單身男女。她幫所有受試者抽血，然後請這些情侶與夫妻各自互動。夫妻與孩子玩耍十分鐘，浪漫的情侶則一起規劃要如何共度「最美好的一天」。研究人員記錄受試者展現各種正面連結行為（譬如互相凝視、臉部表情、聲音與觸摸）與一致行為的程度。他們發現，在新形成的關係之中（即親子與戀人之間），這三種化學物質的分泌量遠比單身族群還要高。此外，比起熱戀中的情侶，新手爸媽擁有較多的β-內啡肽與介白素-6，而熱戀情侶則有較多的催產素。這代表什麼？代表我們獲得決定性的證據，證明β-內啡肽是支持親子長期關係的關鍵化學物質，當爸媽比談戀愛壓力還要大，以及催產素雖然對於短期關係特別重要，在熱戀情侶體內大量分泌，但光靠它並不能促成親子關係。其實，歐默爾-雅尼夫發現三種化學物質的相互作用，在新關係形成的激情之中達到巔峰，無論你是爸爸或媽媽，這種激情都是一樣的。β-內啡肽的確是舐犢之愛的化學物質。

看到這裡，你應該明白，為什麼打打鬧鬧是父親與寶寶建立連結不可或缺的舉動，以及為何是刺激β-內啡肽大量分泌的完美互動。這種活動會引發外顯的動作與笑聲，加上雙方必須互相配合才能有最愉快的玩樂經驗（如果被拋到空中而沒有人抱住，可就不好玩了），才能刺激必要化學物質的分泌。但是，為什麼一般都是爸爸跟小孩打打鬧鬧？為什麼一直以來的研究均顯示，孩子比較喜歡跟爸爸玩，而不是媽媽？答案在於大腦發展的神奇同步作用，使得父母與子女做出正面的選擇以確保親子關係順利發展，並讓孩子擁有最佳的成長環境。

另一項開創性的研究中，費爾德曼觀察以色列的父母與其四到六個月大的嬰兒在十五分鐘內玩耍及互動的情形。她在這些家長與孩子互動的前後，分別抽取一次唾液與血液樣本，發現他們的催產素都在互動之後變多了。然而，以最能夠激發催產素的互動而言，父親與母親呈現顯著的差異。以母親而言，使催產素增加最多的互動是疼愛有加的照顧（如摟抱、撫摸與輕聲細語），而不是玩耍；父親正好相反，使催產素增加最多的互動是打打鬧鬧地玩耍，而不是疼愛照顧，儘管爸爸兩種行為都會做。如我們接下來將看到，玩伴在孩子的成長過程中至關重要，因此演化機制賦予這個角色特別的獎勵，讓父親勝任這個角色；他們傾向選擇做了就能得到最大獎勵的行為。有一項發現可以支持這個結論：如果讓父親和寶寶玩耍之前先吸取催產素（是的，科學研究有時就是這麼古怪），他的行為會變得更加激烈且消耗體力，但不會出現更多的照顧行為。

因此，我們可以解釋為什麼爸爸幾乎是自發性地想與孩子打鬧。但孩子又為什麼如此呢？對寶寶而言，選擇跟誰玩，似乎與神經化學獎勵的多寡有關。如同家長會受到刺激而做出特定行為，孩子也會藉由催產素的分泌來反映這個現象。這麼一來，嬰兒從母親的關愛與父親的玩樂行為中獲得催產素增加的動力。這是神奇的神經化學現象——生物行為同步——造成的另一個結果。這不只影響新手爸媽之間的必要連結，也是親子關係良好發展的首要基礎。由於親子間的互動大多在孩子出生的第一年開始，也就是寶寶的大腦正快速發育的時候，此時會讓寶寶與喜好的同伴間出現神經化學機制同步的現象。因此，寶寶比較喜歡跟爸爸玩，需要照顧時則傾向找媽媽。這個發現讓我得出兩個明確的結論：第一，玩耍嬉鬧是西方的父親與孩子建立和鞏固深刻情感的方式；第二，在某種程度上，母親與父親的角色區別，源自生物機制與旨在提供孩子最佳成長環境的演化動力。

雖然如此，打鬧玩耍的行為不純粹是生物機制硬性促成。機敏的讀者也許有注意到，前面的敘述加上了「西方」一詞。之所以這麼做，是因為一般認為只有西方的父親才會投入大量時間與孩子玩耍。其實，如果我們想想第五章提過的剛果阿卡族的父親，這個盡責、事必躬親的教養典範並沒有選擇打鬧玩耍的互動方式，而是隨時近距離照顧孩子、說故事和唱歌給他們聽。倘若玩耍是西方父親培養親子感情的基礎機制，為什麼在非西方社會（父子／父女關係無疑一樣緊密）的父親身上就沒有同樣的影響？一切都是時間的問題。一天當中，西方父親通常有一段很長的時間缺席孩子的生活，在家以外的地方工作。這意味著，他們能夠建立與維繫親子關係的時間大幅減少。打鬧玩耍往往被視為肢體動作劇烈與聲量吵雜的活動，而它會有效，正是因為放縱的性質。玩耍提供西方父親快速與有效建立親子關係的機制。β-內啡肽是作用強大與引人上癮的化學物質，而激烈的玩耍代表參與其中的人，必須學會快速了解對方的意圖與情緒，才能避免情況失控混亂，因此這是了解一個人的快速機制。在時間貧乏的世界裡，這是確保父親與寶寶建立連結的必備方法。相反地，阿卡族的父親到哪裡都帶著自己的孩子，不論是打獵或交際，因此他們雙方有的是時間相處，促使催產素與β-內啡肽的分泌，並且得以了解彼此的個性。

對於現代的爸爸來說，即使從一開始便準備好與另一半共同教養孩子，親子關係發展的延遲也可能會是一個難題。我個人認為，應該幫助他們調整對於這段時間的期望。假使助產士、保健家訪員與產前教育人員能夠向爸爸說明，他們與孩子的關係跟母親與孩子的關係一樣重要且獨特，只是發展的步調與機制不同，將會是很好的做法。如果你把自己當作「黃金標準」跟孩子的母親比較，便可能會失敗，因為身為父親的你，並不是扮演母親角色的男性。你與伴侶在孩子的世界中具有相同的重要性，只是扮演的角色不同，倘若你有耐心、付出時間與精力（尤其是你用來搔孩子癢與跑跑跳跳的體力），而且不灰心氣餒，將能建立深厚且具意義的親子關係。

從第二章所知，親子關係不只是一種連結，更是情感的依附。儘管產前的親子依附關係主要由爸爸或媽媽推動，但產後的依附關係也牽涉寶寶的行為與情感付出。所有哺乳動物的幼兒都會與母親形成依附關係，但人類是寶寶會與父親形成強烈互惠關係的少數哺乳類動物。

> 你踏上這條單行道，付出許多心力，這沒有關係，我一開始就知道情況會是如此，而現在我得到千倍的回饋。不過，過去幾個月來，我的兒子開始也對這段關係做出貢獻，他現在會微笑、和我互動、拉扯我的頭髮，這些小動作帶給我滿滿的樂趣。
>
> ——尚恩（六個月大）的爸爸吉姆

多年來，人們認為唯一會影響兒童身心健康的人際關係，是母親與孩子之間的感情，因此評估父嬰連結的工具是不必要的東西。直到最近，有越來越多證據顯示，父親與孩子的關係可以深刻影響他們的發展，學術界的這個缺口才被填滿。我們曾在第二章提過這個領域的先驅，澳洲阿得萊德（Adelaide）福林德斯大學的約翰．康頓。過去十年來，他與研究團隊開發出評估生產前後父嬰依附關係的方法。他們發現父親與孩子的關係在類型與功能上，完全不同於母親與孩子的關係，並在學界率先提出專為爸爸設計的評估方法。直到目前為止，專為媽媽設計的評估方法完全運用在父親身上，使醫生難以做出可靠的診斷，而且在產後心理評估方面也是如此，令人失望。

然而，約翰參考了與爸爸討論父嬰連結無數的訪談紀錄，根據情緒與行為的三個不同領域——耐心與容忍、互動的愉悅、感情和驕傲——想出針對父親的方式定義這個關鍵的連結。他發現，身為父親如果與寶寶關係緊密，將不會明顯感到特別無聊或易怒（雖然這種感覺無疑一直存在），而且會覺得開心、滿足、擁有成就感，與孩子互動時也會感到溫馨與驕傲。這些行為或情緒的強度，將會在寶寶滿六個月到一歲的期間產生變化。寶寶滿六個月時，當個有耐心的爸爸似乎比獲得愉悅感更重要（生存方式），但到了寶寶一歲大時正好相反，我及其他研究人員在受試父親身上觀察到的父職經驗變化一模一樣。寶寶慢慢長大，變得越來越好動，因此容忍的需求減弱，取而代之的玩耍與雙向溝通的樂趣。從這時起，當爸爸開始變成一件真正的樂事。

父親與孩子建立緊密依附關係的能力，部分取決於他本身的童年。如我在前面幾章提及，寶寶和父母的感情，與大腦中掌管社交行為的區域同時發展，一個男人在意識或潛意識上對於父職的認知，大多從其父母身上繼承或學習得來。因此，不良的教養關係與行為是可以跨越世代的。不過，那些選擇有別於父母的教養路徑的父親，還是有可能成功。隨著我們越來越認識獨特的產後父嬰關係，也找出更多影響這種關係成敗的因素。我們發現，父親似乎會強烈受到當前環境的影響，尤其在人際關係方面；伴侶對於父職角色的支持與夫妻關係的健全，會深刻影響爸爸與孩子感情的親密程度。此外，爸爸的心理健康、孩子是否乖巧、調皮或難搞性格，與身為家長的成就感，也是非常重要的因素。

在一項近期研究中，澳洲墨爾本（Melbourne）蒙納士大學（Monash University）的研究團隊試圖梳理這些因素，以了解是否有某一個因素最能影響父嬰情感的緊密程度。這項研究由發展心理學家凱倫・溫特（Karen Wynter）主導，分別在寶寶出生滿四週與六個月時測量父嬰關係的強度。同時，他們請兩百七十位父親填寫一系列的問卷，內容關於他們的心理健康、脆弱人格的程度、孩子的個性、與伴侶的關係及伴侶給予的支持。研究發現，親子關係薄弱的父親比較容易出現心理問題、擁有較多脆弱的人格（缺乏自信與易受批評所影響）、從伴侶身上得到較少的支持，也比較會遭到另一半批評父職的不足。因此，某些因素的確會影響父親與孩子的感情，不論外在、內在都是。但是，一個關於親子連結的長期假設——跟難管教的孩子比較難培養感情——並未獲得證實。小孩的個性本質並不影響父親與他或她的感情好壞。其實，如我們在上一章探討的，一些父親（親和與開放的人格最顯著）會利用這個機會與難以管教的小孩培養感情。

我在第三章討論過的身分問題，似乎也對父子／父女關係的緊密程度具有強烈影響。在二〇一〇年針對新手爸爸的研究中，雪琳．哈比卜與珊卓．蘭卡斯特發現，那些把共同照顧孩子視為新身分的關鍵任務的爸爸，之後與新生兒所建立的連結，比那些自認主要角色是幫助另一半照顧孩子——典型的「次要家長」——或負責賺錢養家的父親還要緊密。對於研究父親的我們來說，重點是，許多研究都關注產前或產後不久的時期，也就是在第三章提及，我們可以預測哪一些父親可能難以在寶寶出生前或出生不久後與孩子形成重要的連結。一旦確定這些父親是誰，便可以提供他們與其伴侶支持和指引，營造更健康的環境，主要在於與他們的伴侶建立支持關係、評估心理健康及指導實用技能，以增進這些父親的成就感。當然，還有幫助他們認識父嬰關係的基礎，其實是觸碰、笑聲、說話與唱歌等非常基本的人類行為。因此，重點是幫助爸爸敞開心胸傾聽內在的童心，幫助他們設身處地理解自己的孩子。

雖然母親與父親顯然會與親生孩子建立深刻的依附關係，但在許多傳統的西方家庭裡，母親依然是孩子主要的依附對象，基本上是因為父親必須離家工作賺錢。然而某些情況下，即使因為工作關係沒有太多時間與孩子相處，父親仍然可以、也確實是孩子的主要依附對象。

在二〇一〇年父子／父女依附關係的研究中，美國猶他大學（University of Utah）的陶德．古德賽爾（Todd Goodsell）與賈倫．梅爾德姆（Jaren Meldrum）訪問新手媽媽，探討她們與父親的關係。他們特別關注四名女性與父親關係緊密，但與母親感情疏遠。他們希望探究導致這種現象的家庭結構狀況，以及父親為親子關係帶來的技能與貢獻。在這些家庭裡，母親隨時陪在孩子身旁，而且兩位家長都有兼職或全職的工作，因此，父親作為主要照顧者，不可能是她們與父親感情深厚的原因。

他們發現，這些父親不像身為爸爸的同性戀男性那樣在家負責照顧孩子，而是扮演各種必要的角色，譬如養育者、照顧者、負擔家計者、玩伴與老師，讓自己在即使孩子缺乏健全母女連結的情況下，依然能提供孩子成長與生存的基礎。就研究調查的父親而言，陶德與賈倫強調「萬能父親的模範」扮演著：

> 啦啦隊聚會與社區活動的主要支持者；約會與求愛的顧問；比母親更「關心」與「支持」孩子的家長；更願意擁抱、口頭關心與鼓勵孩子的家長；道德與學業的教師；傾聽者；他們甚至能夠處理女兒第一次月經等狀況。

女兒表示，即便是在最陽剛的打鬧遊戲活動，爸爸也會給她們建議、發表意見，甚至教導她們該怎麼做。這些父親儘管一天有大部分的時間都在工作，卻仍然能與孩子建立起連結，這讓我們了解到建立親子關係，親近的程度並不是最重要的因素。對於我們這些努力兼顧工作與家庭的人而言，稍微減緩了我們內心隱隱作祟的罪惡感。

但是，為何這些爸爸在孩子的生活中如此重要？某些情況下，他們取代了不能或不會對小孩表達關心的母親的位置。其他情況下，也許是孩子與母親個性不合或者感覺母親不夠照顧自己，因此改將注意力放在個性與看法跟自己比較相近的父親身上。然而，這項研究凸顯了父親與孩子之間的依附關係，就跟母親與孩子一樣深厚、深刻與面向多元。這是照顧與關愛的重要來源，關鍵是它也為孩子帶來實用、情感與經驗性的知識，替未來的成功生活奠定堅實基礎。

＊＊＊

我用打鬧場景作為本章的開頭，最後也同樣以此結尾，因為從這種形式的遊戲，我們可以看到父子／父女依附關係的重要生存功能。玩耍是有趣的——歡快笑聲與旺盛精力可以證明這一點。但它也有嚇人的一面，需要雙方互相了解意圖與極限，以及給予高度的信任感。就此而言，這跟認識新朋友沒有什麼兩樣。我們受到享樂與親密——還有最重要的腦內啡分泌——的可能性所誘惑，但也怕遭到拒絕與面臨情感的傷害。與孩子玩耍時，西方的父親不只在鞏固親子關係，也在做某一件對孩子生存同樣重要的事情。他們為孩子做好進入艱困險惡社會的準備。人類需要互相合作才能生存，才能養育小孩、學習經濟獨立的技能，確保擁有基本的生活資源——食物、水與住所。打鬧遊戲讓孩子得以在安全的基礎之上探索必備的生活技能，他們隨時可以向父親尋求安慰與鼓勵。之後我在第九章討論父親的教導角色、第十章討論父親在孩子成長中發揮的影響時，將會進一步闡述這個角色，但是，如約翰．康頓的研究所指，學者逐漸意識到，父親與孩子的依附關係不同於母親與孩子的連結。卡林．葛羅斯曼（Karin Grossmann）與克勞斯．葛羅斯曼（Klaus Grossmann）主張，母親與孩子的依附關係以關愛與養育為基礎而富有安全感，父嬰關係的特徵則是穩固的關係與安全的探索。其實，加拿大蒙特婁大學發展心理學家丹尼爾．派克特（Daniel Paquette）認為，父親與孩子之間是具有激勵作用而非相互依附的關係。他主張，這種緊密的連結讓孩子有自信探索不尋常的環境、積極行動與冒險，以及面對陌生人時能夠自立與拿出自信。父子／父女關係是個人特色、自主與成功的來源。

我們探討孩子如何理解依附對象的方式，反映出依附關係的這種顯著差異。如果想要了解嬰兒與母親的關係，拿出剪貼簿與問卷是沒有用的——這麼做可以把寶寶逗得很開心，但會有一大堆撕得破爛的紙張與布滿咬痕的筆。相反地，我們運用一種行為情境，名為「陌生情境」（the strange situation），由心理學家瑪莉．安斯沃斯（Mary Ainsworth）在七〇年代首創，藉由寶寶、母親與陌生人（通常是研究人員）之間一連串的互動探究母子／母女的依附關係。他們觀察孩子在有無母親的陪同下與陌生人互動的情況，以及與母親分離一段時間後重聚時的行為，評估親子連結的緊密程度。然而，研究父親的學者注意到，雖然爸爸無疑會養育自己的小孩，但是，考量少數爸爸負責照顧孩子及父嬰互動的本質各有不同的事實，這種情境無法從孩子的角度捕捉到他們與父親之間的獨特關係。孩子希望從他們與父親的關係中得到的東西，與母親的關係並不一樣。因此，丹尼爾．派克特與其同事馬克．比格拉斯（Marc Bigras）發展出「風險情境」（the risky situation）——由名稱可略知重點。在這個情境中，年紀介於十二到十八個月大的孩子，通常會面臨兩個明顯具有挑戰性的情況，分別是社交風險（陌生人）與生理風險（一組階梯）。從孩子面對陌生人和階梯的方式，可以清楚推知他們與父親的依附關係。

孩子與父親的關係可以分為三種不同的依附行為——安全型、焦慮或矛盾型、迴避型。安全型的孩子相信自己與照顧者的關係，能夠接受安撫，分離時雖然會感到痛苦，但是可以自我安撫，因為他們知道照顧者離開後會再回來。焦慮型的孩子會擔心照顧者離開自己，因此非常依賴照顧者，也害怕冒險。迴避型的孩子則在情緒和肢體上與照顧者十分疏離。他們不期待照顧者會幫助或安撫自己，與照顧者分開時也不會難過。在別人眼裡，他們通常有可能會做出傷害身體的行為。

在丹尼爾與馬克的測試中，與父親關係緊密的孩子會自信地探索環境，和陌生人互動且承受合理的風險，並且遵守父親設下的任何規則；相較之下，焦慮型的孩子始終黏在父親身旁，不跟陌生人說話，也不會走上階梯；迴避型的孩子會大膽與陌生人和階梯互動，而且不遵循父親設下的規定。了解其中的巨大差異之後，派克特與比格拉斯得以開發這個情境，透過單一簡易測試便可推知這重要且複雜的關係。

在學術層面上，父嬰連結對於孩子的成長、家庭的正常運作與社會的穩定，十分重要。但就個人層面而言，這是家長與孩子之間深刻、互相回報的愛。對新手爸爸來說，他們幻想自己與小孩生活的重點，而單就這個原因，我們就必須多加留意。如果你是新手爸爸，請記住：寶寶出生時、或是第一次與領養的孩子見面時，可能會有千百種感覺，沒有一定正確的感受。雖然一些爸爸會突然父愛爆發，但多數的父親並沒有這種經驗，例如以下訴說自身經歷的阿德里昂。

有趣的是，從頭到尾我們都覺得，「阿德里昂將能自然而然地跟小孩培養出感情。他會是請假陪小孩的那個人，因為他很容易親近小孩，而且很會照顧小孩。」但實際上，我們第一次與領養的女兒見面時，諾亞才是冷靜應對、跟她玩耍的那個人，而我就只是坐在沙發上，被眼前的一切嚇得不知所措。

——茱蒂（七歲）的父親阿德里昂

阿德里昂的經驗對許多爸爸來說非常熟悉。不過，阿德里昂確實努力跟茱蒂建立緊密與穩定的依附關係。與親生寶寶或領養的孩子見面，有可能會帶來壓力與輕微的抗拒感，在此同時，你逐漸接受這個新生命走進自己的家庭，並徹底改變家庭的結構和運作。我們現在知道，親子關係的培養需要時間，而且很有可能直到你能夠與孩子雙向互動、真正了解他們的個性與讓他們了解你時，這種連結才會逐漸形成。不過，你可以透過許多方式促進這種特別的關係，像是空出一對一互動的時間、負責照顧孩子的所有活動、讓親子互動充滿樂趣與肢體接觸，以及好好施展看家本領。試著順應關係發展的步調，它終究會來臨。另外請記得，你的伴侶——女性或男性——與孩子建立的關係，將不同於你和孩子的關係，因為你們不一樣、而且扮演不同的角色。不要互相比較或競爭。在這方面，沒有所謂的黃金標準。孩子最終需要的是與父親的穩固依附關係，這種關係讓他們能夠利用你教導的技能，安心地探索世界與體驗生活（不論好與壞），並且知道你永遠是他們的靠山，需要關心與肯定時都可以隨時回來找你。

第八章 兩個人變成了三個人（四個、五個……）——家長的角色與關係

媽媽與爸爸並肩坐在沙發上，眼睛盯著電視。螢幕正在播放一個小女孩的影片，是他們的女兒。錄影的那天，天氣溫暖晴朗，女孩在花園裡玩耍。這對父母看著螢幕，臉上流露各種情緒。小女孩沉浸在自己想像的遊戲天地裡。她盡情地跑跳與開心大笑，夫妻看著彼此，露出會心一笑。小女孩爬到攀爬架上的繩網，抓握繩子的手突然滑了一下，媽媽臉上閃過一絲擔心與焦慮的神情，爸爸則一臉驕傲、一邊觀察女兒的運動神經與勇氣。女孩一邊在草地上追逐看起來受到打擾的鴿子跑，一邊歇斯底里地大笑。看到這個畫面，父母也跟著笑了起來，彷彿與她同時處在喜悅的時刻裡。這樣的情景在各個家庭中不斷上演，而我們看到的這

些反應，雖然依性別而有所不同，卻是十分典型。

在這一章，我想將關注的焦點擴大到家庭，探討父母如何共同滿足孩子成長的需求，並理解一個（兩個或三個、四個……）寶寶的加入對伴侶關係的影響。我們將思考讓每個人都順利度過這段時期的最佳方式。也將帶你認識母親與父親對於家庭及其人際關係的看法有多麼迥異，這有助於我們了解為什麼教養關係的難題，對於父親與他的家庭關係有特別負面的影響。

我們會拿男性與女性教養風格的差異來開玩笑（無數的情境喜劇和電影對此極盡嘲諷之能事），但這裡我們看到的是大腦經過五十萬年演化的結果，其最終目標是建立一個致力營造最佳教養環境的理想團隊。並非所有孩子都來自核心家庭（不論異性戀或同性戀家庭）。但就核心家庭而言，子女的誕生會深刻影響父母的大腦、生物機制與心理運作。

他們在我們身上看到的一個差別是——訓誡的方式。我通常會很快就生氣，而莎拉比較中庸，能夠跟他們講道理。他們會來找我做什麼事情？也許是我喜歡的事情、我喜歡和他們一起做的活動，所以如果他們想騎單車，就會來找我。莎拉往往陪他們做一些有創意的活動；有時我回家看到桌上放著顏料和蠟筆，心裡會想，噢，看來真不簡單。

——喬瑟夫（六個月大）與里歐（兩歲大）的爸爸約翰

約翰的敘述是我不時會從受訪父親口中聽到的心得。在第二章提過，新手爸媽在孕期的基礎催產素分泌量會變得一致。據信就是這種（同居伴侶親密的行為與生理連結所引起的）生物機制的奧妙之處，才能確保伴侶感情融洽及同心協力教養孩子；如果他們希望維持表面的教養秩序與提供孩子未來需要的穩定基礎，這非常重要。但是，進化討厭多餘的工作——所謂多餘，指的是關乎生存的行為只需要一個人就可完成，但卻有兩個人在做。精力有限，而養育小孩也是個複雜的工作。如果父親或母親可以實現不同於另一半但卻同樣重要的教養目標，進化機制並不會讓兩位家長都執行同一項任務。因此，他們的荷爾蒙同步化，但行為不一定一致。我們當然知道這一點。即便是職責平等的父母（非洲剛果的阿卡族），依然具有不同的角色——爸爸哄小孩睡覺，媽媽負責餵奶。在西方國家的傳統家庭裡，通常是爸爸陪小孩玩耍，媽媽照顧小孩；爸爸引導孩子挑戰發展的極限，媽媽安排日常作息；爸爸修理壞掉的玩具和買遊戲機，媽媽負責做菜、陪孩子畫畫和做美勞，就像約翰的太太一樣。從第七章了解到，爸爸與孩子玩耍時，體內的催產素分泌會達到高峰，而媽媽則是在照顧孩子時會經歷這種突如其來的化學作用。大腦經由演化確保父親與母親偏好截然不同但同樣重要的教養活動，因此，教養團隊涵蓋了所有的基礎。這種神經化學的差異也反映在大腦活動的分歧。

二〇一二年，十五對育有六個月大的孩子的異性戀父母，自願接受功能性核磁共振掃描，讓研究人員評估他們觀看子女玩耍影片時的大腦活動。以色列心理學家希兒．阿齊爾（Shir Atzil）想知道，父母從事以孩子為主的活動時，他們在行為與神經化學作用上的不同是否會反映在大腦活動的差異。她希望看到大腦某些區域出現同步化現象，凸顯所有為人父母為了建立安全的依附關係而需要展現的技能與行為，但是其他區域的活動不一致，以顯示父親與母親顯著的行為差異。她的願望成真了。觀看親生孩子玩耍的影片時，媽媽與爸爸的大腦中有關同理心與心智化的區塊變得活躍。心智化指的是判斷與理解他人想法與感受的能力，也就是站在別人的立場思考。如果你希望控制某個人或撒謊，這種能力是必要的，因為能讓你預測別人的下一步。但如果你要照顧某個人，也必須擁有這種能力，這樣才能感覺別人的感受、做出適當的回應及預料下一步的需求。這個能力對親子間的穩固連結至關重要，而從父母的大腦活動模式可知，父親、母親都具有構築緊密親子關係的神經能力。

然而，就大腦其他區域而言，男性與女性呈現明顯的差別。在母親的大腦中，原始中樞——即邊緣系統——是最活躍的區域。在這個區域裡，就在大腦的核心有著與情緒相關的腦部系統，其在母親大腦比父親還要活躍，這項事實反映了母職的主要特色——關愛與養育小孩。邊緣系統中的杏仁核的活動特別明顯。這個小小的構造可以偵測風險並促使個體做出反應，顯示母親除了照顧孩子之外，也會隨時觀察環境中是否有任何潛在威脅，本章開頭描述讓小女孩滑了繩梯就是一個例子。相對地，在父親大腦裡的新皮質——大腦外層四分五裂的部位——則非常活躍。具體而言，這個區域與社會認知有關，使某人能夠處理複雜的想法與任務以及擬定計畫。這反映出父親教育和鼓勵孩子獨立的特殊責任，而這種責任比母親所承擔的義務還要重大。前面提及父親在觀看女兒玩耍的影片時，也在評估她的能力與計畫下一步要如何刺激其發展潛力。此外，父親大腦負責高等智力與能力的部位產生反應的事實，間接表明父親角色先天即具有彈性。

從第五章得知父職角色的力量與價值，絕大部分在於快速回應環境變化以確保後代生存的能力。為了達到這個目的，必須擁有快速思考的智力，因此父親的新皮質相當活躍。同樣有趣的是，這些高度活躍的大腦區域（母親的原始大腦核心與父親的大腦外層新皮質）反映了母職與父職角色出現在進化史上的不同時間點。母職角色可見於最早出現的爬蟲類，而我們知道人類的父職最多只有五十萬年的歷史，表示母職技能是大腦最年輕區域的本能。

我們釐清一下，希兒的研究結果並不代表父親永遠不會照顧孩子，而母親永遠不教導，我們都知道這不是事實。父親大腦的邊緣系統會產生反應，母親的新皮質也會運作，只是活躍的程度遠不如異性的另一半。為了效率起見，進化機制使母親與父親的大腦專注在後代發展的不同面向上，以滿足孩子的發展需求。另外也別忘了，同性戀的父母也是如此；主要負責照顧孩子的男性，大腦中的邊緣系統與新皮質都會出現反應。在核心家庭中，不論父母的性別為何，進化機制都確保孩子能得到最好的照顧。

＊＊＊

小孩出生一個多月時，我和小黛都不覺得安娜是我們的孩子；感覺有點不可思議，但才過了幾個月，你又開始會說，「她是我們的小可愛。」直到最近，她開始有點個性了，你又會想，這是我女兒，我之後都要照顧她、看著她長大。所以，要過了幾個禮拜甚至幾個月，才會真正意識到，接下來的日子（無論多少年）都會跟這個孩子一起生活。

——安娜（六個月大）的爸爸史蒂夫

懷孕是一生中極少數起點與終點分明的時期。多數情況下，這讓父母有整整九個月的時間可以準備迎接令人手忙腳亂的家長身分。他們有時間可以完成所有必要的工作與購買嬰兒用品，也有時間專注經營彼此身為父母的關係上。不幸的是，這部分的準備工作通常都遭到忽視，很少有產前課程會提到這一點，多數的新手爸媽也不會花太多時間討論。但如果用人資經理常用的詞彙來比喻有效的工作團隊，你們在成為父母之前是兩個人，經過跌跌撞撞的磨合期後，如願達成良好的平衡。然而，有了孩子之後，這個團隊多了一名成員，你們兩人可能都缺乏可以借助的生理與心理資源，這可能會引發大規模的「風暴」，因為大家都在努力習慣自己的新身分。夫妻被迫一起合作，執行兩個人起初都不知道如何開始、更別說是完成的任務，還得面對一個除了尖叫以外完全不會表達需求的新上司。這聽來壓力可真大，不是嗎？但願這些敘述能讓你明白，為什麼要面對這個新的局勢，在小孩出生之前盡可能鞏固與經營雙親關係會是個好主意。

我們知道，家長親職經驗的好壞與他們對於雙方關係的滿意程度非常有關係。換句話說，伴侶關係越緊密、越有共識且感情越好，彼此的滿意度就越高，也更容易覺得為人父母是一種愉快的經驗。如果三個標準都達到，新手爸媽對於兩人關係就會給予高度評價。第一個標準是，幫助與鼓勵彼此教養角色的程度；第二，對於共同教養的看法的一致程度，以及親職分工的滿意程度；第三，孩子的個性與發展階段。當寶寶越長越大，而且可以表達自己的需求與獨力滿足一些需求（如喝奶）時，你的生活真的會變得比較輕鬆。這會減輕家長的壓力，甚至讓伴侶關係更穩定。但除了這些共同問題之外，還有一些因素對於父親比對母親還重要，而這主要與寶寶的個性有關，並且更重要的是——母親對於父職角色的支持。

「母職守門」（maternal gatekeeping）一詞意指，不讓父親花時間陪伴子女的概念、態度與行為。最極端的情況只偶爾見於全球各地的家庭裡，但其中的元素在許多經常出現衝突的親職關係中都可以看得到。最常發生在分居或離婚的夫妻，但也存在夫妻同居的家庭裡。母職守門行為的成因與影響可能是婚姻不睦，同時，母親將照顧孩子這件事作為與另一半爭吵的武器，導致家庭不穩定以及產生更多的衝突。伴侶必須對這種情況有所認知，因為它會嚴重傷害婚姻關係、父子／父女關係以及孩子的發展。表現出這種行為與態度的母親，一般會過度且公然地批評伴侶的教養方式。她們傾向貶損伴侶的教養行為，並且設定無法達到的標準，不讓對方與孩子相處；她們控制小孩所有的活動與作息，認為自己是最好的照顧者，極度不願意將照顧孩子的任何工作分配給別人。最嚴重的是，她們認為父親在教養工作上是助手，與自己的地位並不相等——身為母親的她們掌控一切。

從美國三百六十五個墨西哥與歐洲移民家庭的研究中，來自美國多所大學、由馬修・史蒂文森（Matthew Stevenson）率領的一群心理學與社會學專家，探索母職守門的成因與此行為對父親和青春期子女的關係，以及青少年的自尊有何影響。他們發現，排除種族或社經地位的因素，婚姻問題越多（譬如情緒反覆無常、愛批評、嫉妒或不忠），身為母親的妻子越會出現母職守門的行為。意味著父親陪伴小孩的時間減少，不論孩子性別。如此一來，小孩會覺得父親不關心他們，或者不像之前那樣在乎。這種感覺會讓自暴自棄與無法控制情緒的狀況越來越頻繁，對孩子造成令人憂心的後果。

幸好，很多爸爸在伴侶關係不會遇到另一半母職守門的情況。但是，父親的行為與心理健康都會受到另一半對於父職角色的看法與行為所影響。如果伴侶鼓勵與支持他們的父職角色，主動讓他們與孩子相處，男性比較不會出現心理方面的問題，也更容易適應新身分，有助於父親與子女培養感情。在二〇一四年的研究中，由伊爾娃．帕爾菲特（Ylva Parfitt）率領英國薩塞克斯大學（University of Sussex）與倫敦城市大學（City University of London）學者組成的團隊，追蹤一群處於過渡期的新手爸媽。懷孕期間，七十二名女性與六十六名男性伴侶（並非所有父親都願意參與此研究）接受訪查，談論他們的心理健康與伴侶關係的滿意度。等到寶寶出生後，研究團隊在寶寶滿三、四個月大時再次訪問，並將寶寶的個性納入考量。研究人員得到兩個寶貴的結論。首先，對父母而言，親子關係的緊密程度深受在孕期間對彼此的滿意度所影響，表示可以根據伴侶間的互動，有效評估他們之後與孩子之間的關係品質。第二，伴侶關係的滿意度會影響親子關係的事實，在寶寶剛滿十五個月的父親身上依然適用，這些關係也會影響父親的心理健康；對母親而言，在這個階段只有寶寶的個性是影響親子關係的主要因素。比起對母嬰關係的影響，教養關係的狀態對於父嬰的影響似乎較大，持續的時間也較久。就家長來說，意味著在懷孕期間努力經營伴侶關係，將有助於親子關係的建立，尤其是父親，在孩子出生後也別忘了維繫夫妻間的感情。可以尋找合適的保母，空出夫妻兩人專屬的時間，即使你們可能容易將注意力放在寶寶身上，也要試著找到其他的話題。

那感覺就像是我們的關係暫停了一陣子，所以我不認為我們之間沒有連結，只是每天談論的事情變得非常不一樣。目前，我們顯然比較關心寶寶。回家聽到的第一件事，是兒子吃了某個東西好幾次、他真的吃進去了，還有他也把東西拉出來了。這些是老婆每天會跟我報告的事情。我們的生活變了很多，我不會說這不好，這只是我們人生下一個階段的一部分，但有時我會希望和老婆回到過去比較親密的日子……那時候的我們可以坐下來聊天，講講尿布以外的事情。

——尚恩（六個月大）的爸爸吉姆

從前面幾章得知，父親與母親的親職過渡期——適應與學習如何為人父母所需要的時間——截然不同。目前我們還不清楚原因，但我猜，應該跟父親需要比較長時間培養親子感情（如第七章所提），以及現代西方父親在家庭裡依然處於次要家長的地位有關。父親仍最有可能出外工作，而母親則負責照顧孩子。因此，父親與孩子相處的時間只有晚上、週末和每年的家庭假期。表示父親只有較少時間可以發揮新的教養技能與獲得成就感，藉此去適應與投入自己的新角色。

新的家長關係必須包容母親與父親之間的差異，假如其中缺乏建設性而非破壞性的溝通，也就是花時間摸索為人父母的感受、擬定共同教養的計畫、避免武斷與批評與用心支持對方，那麼婚姻關係的品質與家庭的凝聚力就會減弱。

一旦寶寶出生，這個新組成的家庭將分成三個層級：個人、夥伴（母親與父親、小孩與父親、小孩與母親）以及家庭（母親、父親與小孩）。伊拉尼特・戈登（Ilanit Gordon）研究九十四對異性戀伴侶及其五個月大的長子（或長女），結果顯示，母親通常會把家庭視為上述夥伴的集合；她會分別關注自己與另一半及寶寶的關係，還有另一半與寶寶的關係。相較之下，父親將家庭分成三個不同的層級：個人、夥伴與家庭，因此，他們本身與其人際關係較容易受到婚姻不睦的影響。這就是所謂的「溢出效應」（spillover effect），也就是婚姻衝突的影響會擴散到整個家庭。媽媽比較不會受到影響，她們可以區分家庭裡的不同關係，因此夫妻間的爭吵不會影響與孩子的關係。但是，由於爸爸將家庭視為整體而不是由好幾對夥伴組成的一個群體，因此，如果他們與伴侶發生衝突，這種負面影響會滲透親子關係。

加州大學洛杉磯分校（University of California, Los Angeles，UCLA）的心理學家馬克・康明斯（Mark Cummings）將這個理論稱之為「父職弱點假說」（the fathering vulnerability hypothesis），原因是父親相對容易受到婚姻關係不睦所影響。他主張，如果情感受挫的父親傾向逃避婚姻關係，這種脆弱的特質對於父子／父女關係的影響會更嚴重。我們在第四章談過，不同於母親，有心理障礙的父親會以逃避家庭作為處理感受的機制。當婚姻出現問題時，他們也傾向這麼做，但由於男性將家庭視為整體，因此他們在逃避妻子的同時也會疏離孩子。父親容易受到婚姻衝突的影響，進而使他對孩子的管教與懲罰更加嚴厲，越來越不在乎親子關係，最後，逃避家庭成了唯一的選擇。這種逃避行為可能會導致父子間發展出不穩定的關係，孩子、家庭與社會也會遭受嚴重危害。

這種心理層面的傷害會反映在神經層面的對應創傷。在二〇〇七年針對六十三名兒童（包含三十二名學齡前兒童與三十一名青少年）的研究中，美國西北大學的派翠西亞．彭德里（Patricia Pendry）與艾瑪．亞當（Emma Adam），分析雙親關係的品質（以滿意度與發生爭執的頻率衡量）與子女的皮質醇分泌之間的關聯。皮質醇是腎上腺回應壓力而在大腦中分泌的荷爾蒙。短期而言，對人體非常有益，可促進葡萄糖的代謝以產生精力、提升記憶力與降低疼痛的敏感度。當你試圖克服具有威脅性、巨大壓力或極度危險的情況，都需要這些作用。然而長期而言，持續暴露在壓力下是有害的，尤其是年輕人的大腦還在發育，如果大腦中充滿皮質醇，會干擾正常神經路徑的形成。這肯定會導致兒童與成人時期的行為與情緒問題。彭德里與亞當在研究中發現，父母的衝突程度越高，子女的皮質醇分泌也會跟著增加，學齡前兒童受到的影響尤其明顯。這個與年齡的關聯特別令人擔憂，因為幼兒階段是神經連結快速形成的時期，個體會獲得新的技能與累積新的經驗，因此，皮質醇的負面影響在此時也會最深刻。正常腦部發育在這時受到的干擾會造成終生的後果。研究顯示，衝突與壓力之間的關聯是獨立的，也就是說，衝突的負面影響並未得到任何其他因素的緩衝。不論是父母的溫暖與關愛、或是父母的心理健康，似乎都沒能發揮保護的作用。婚姻衝突對孩子造成的影響是真實且直接的，也會使孩子在家庭中難以得到保護。

我和莎姆的關係以預期中的方式改變了，因為家裡不再只有我們兩個人。我想，這是因為我們把另一個人看得比彼此都還重要。實際上，這表示我們相處的時間變少了。我們也不再有任何專屬於自己的時間。我想，我們都覺得這是值得的，一開始就知道會有今天。我和莎姆偶爾會很享受開車外出而佛羅倫斯在路途中睡著的時刻，有那麼一瞬間，我可以想像只有我們兩人的世界，但那種情況非常少見。

——佛羅倫絲（六個月大）的爸爸理查

終究，雙親關係的狀態是很重要的，因為正是這樣的關係創造孩子誕生與成長、受到養育與教導的環境。相較於孩子與雙親的關係、或是孩子本身的個性，雙親關係的品質對子女發展的影響更大。也是所有其他人際關係發展的基礎與衡量標準。這將作為孩子的人生基石，會深刻影響其身心健康，關乎到未來人際關係的成敗。在某種意義上，父母間良好的感情是與孩子培養情感的基礎。雖然你與伴侶之間的感情不是人生中第一個依附關係（你與養育者的連結），卻是第一次扮演大人角色的人際關係，儘管這與親子關係截然不同，但其中的要素一樣都是承諾、親密與熱情。在婚姻生活中有多善於建立與維持這三個面向，就有多擅長建立與維持親子關係。因此，如果你正與另一半共同扶養孩子，那麼只要努力經營伴侶關係，便等於是在邁向良好的親子關係。

怎樣才做得到？懷孕就是改變，如果已經下定決心要生小孩，就可能表示你樂於面對新的經驗與角色。你可以抱持著這種意願去面對改變，與伴侶討論一旦成為父母，彼此的角色與關係會產生什麼變化。從一群來自瑞典哥德堡大學（University of Gothenburg）的社會學家所進行的研究指出，能夠順利解決初為人父人母難題的家長，在懷孕期間都有充分討論相關問題與達成協議。首先，你們將扮演什麼角色？與伴侶在彼此的關係中擁有既定的角色，但家庭多了第三個成員，表示這些角色必須重新設定。其中一部分的工作是，與伴侶互相了解彼此希望成為什麼樣的父母與如何看待對方的角色，以及摸索彼此角色如何互相配合才能為全家帶來幫助。第二，必須知道彼此將會面臨衝突；你會訝異在半夜三點爭論誰用了最後一片尿布卻沒有買新的，只能忍受寶寶的哭鬧聲與難聞的氣味，這將會是如此重要的一件事。有了這個認知，遇到問題時就不會大驚小怪，可以開放討論如何有建設性地解決爭執——類似衝突管理的做法。第三，需要探討雙方期望從家長身分中得到什麼，還有希望採取什麼樣的教養方式。對任何新手爸媽來說，最難熬的時刻就是雙方期望落空，例如，當你睡眠不足又得面對講不聽的小孩，絕不大聲說話的承諾瞬間就會淪為幻影，但是，如果有一個願意傾聽且能夠體諒你的人，幫助你跨越一時的障礙，問題便會簡單許多。你與伴侶對於正確教養方式達成一致的看法很重要，這麼一來，你們的行為與觀念才會同調，不會總是在跟對方競爭教養的主導權。最後，如果你們採取共同教養的方式，請積極實行。換句話說，當伴侶管教小孩時，請支持對方的行為，假如你不同意對方的做法，請以有益與開放的方式和對方討論，並以共識為目標，而不是批評或貶損。如丹所承認的，生小孩將會使注意力從「我們」大幅轉移到「他們」，因此盡可能地做好心理準備是確保過渡期順利的關鍵。

養育小孩完全是婚姻的另一個層次。這件事為我們的婚姻和關係增加了另一個更深刻、更緊密的層面。可以肯定的是，我們的生活不再只是兩個人了！

——黛西（六歲）和比爾（五歲）的爸爸丹

除了認知有了小孩之後時間會變得非常寶貴的事實之外，在小孩出生前專心經營婚姻關係可以帶來助益，因為從你與伴侶在有小孩之前的互動，可以看出小孩出生後的家庭會如何運作。運作良好的家庭能發揮同盟的作用，家庭間感情緊密、互相支持且相輔相成。所有成員會一起進行活動或討論，每個人都扮演獨特的角色且受到尊重，大家都擁有共同的目標或從事相同的活動，也理解與支持彼此的情感。洛桑三方互動（Lausanne Trilogue Play，ＬＴＰ）有著吸引人的名稱，是研究者給父母的一項行為任務，以利評估他們的共同教養行為與其在家庭中的契合程度。洛桑三方互動有一個專為小孩尚未出生的父母所設計的版本，在這當中，寶寶的角色則以玩偶代表；另外還有一個適用於小孩出生後的版本。由瑞士精神治療師伊莉莎白·菲瓦茲-德皮爾辛吉（Elisabeth Fivaz-Depeursinge）首創這個價值非凡的任務，因為讓我們得以將家庭視為一個整體、而不是一對夥伴所組成的群體，表示家庭的所有關鍵角色都被納入考量，而我們可以嘗試釐清每個角色對於其他角色的多重影響，如此一來，更能真實呈現家庭的面貌。

孩子出生之前，新手爸媽依照研究要求，想像他們第一次與剛出生的寶寶相處的情況——發揮想像力的魔幻時刻。他們會收到指令，必須在情境下執行一系列互動，以供研究人員評估家庭中各種不同的人際關係：家長對小孩、家長對家長（夫妻）、全家。首先，每位家長抱著代表寶寶的玩偶與它互動，然後將寶寶放到一旁（模擬睡著的狀態），與伴侶互動。研究人員會觀察每一對家長與孩子互動的能力、教養工作分配的合理性、對待彼此的態度，以及互相合作的程度。這對父母來說需要豐富的想像力，但經過一次又一次的實作，經過證明他們的表現可預示家庭在孩子出生後的運作情況。

在二〇一三的研究中，來自瑞士日內瓦及洛桑數所大學的學者尼可拉斯·

法維茲（Nicolas Favez）、蘭斯・弗拉斯克羅洛（Rance Frascarolo）、克蘿伊・勒凡希・史凱歐拉（Chloe Lavanchy Scaiola）與安東奈特・寇波茲-沃納瑞（Antoinette Corboz-Warnery），共同探究這項試驗在多大程度上，可以預示家庭在小孩誕生後的運作情形。研究中，有四十二個家庭在孕期第五個月接受試驗，並在孩子滿三個月和十八個月時分別再度進行測試。他們發現，父母在孩子出生前與寶寶玩偶的互動，加上寶寶的個性，可以有效預測這個家庭在有了孩子之後的情形。那些在孩子出生前鼓勵與支持另一半和寶寶玩偶互動的家長，在孩子出生後仍然這麼做；那些努力讓雙方參與親職且展現教養本能的家長，在有了小孩之後也持續展現這些能力。

然而，同樣令人好奇的是，新手爸爸的觀點具有獨特的預知能力。法維茲與他的研究夥伴要求新手爸媽想像孩子出生後的家庭生活。為了幫助發揮想像力，學者請他們專心思考兩個面向：家人的關係會有多親密（共同的觀點與情感），以及各自的角色有多彈性（好讓每個人有寶貴的空間可以適應角色）。他們一再發現，根據父親在孩子出生前對家庭生活的想像力，可以預測孩子滿三個月時家庭的運作情況。父親的想像無疑具有強大的力量，但他的觀點有什麼神奇之處，可以帶來母親角色所沒有的影響？法維茲認為，這個現象的成因，是母親與父親對於家庭及其中的人際關係的想像有所不同。相較於母親傾向將家庭分成一對一對的成員，父親將家庭視為整體的欲望與能力，代表他較能夠在這個層面上發揮教養的作用。此能力讓他得以深刻影響家庭的運作。雖然一個家庭包含多種要素，但同時將家庭視為整體與個人及對夥伴的能力，使父親能夠克服生命中無可避免的難題。某種程度上，父親是家庭的專家。

所有這些預想與準備的工作聽來困難，而等到你即將成為爸爸、需要考慮許多其他問題時，這麼做也許顯得多此一舉。但這是值得的，因為溫暖與互相支持的婚姻環境，對於父嬰關係具有迴異於這些預言、甚至更加正面的影響。有資料可以證明這一點。在針對四十四個美國家庭的研究中，美國心理學家凱・布拉德福德（Kay Bradford）與艾倫・霍金斯（Alan Hawkins）發現，與另一半感情融洽的男性，遠比其他家庭的父親感覺自己是個稱職的爸爸。他們比較投入親職、對於父親的身分更有把握，也過得更快樂。其實，作為解決衝突的模範，可能是特別關鍵的父職角色。發展心理學教授康明斯主張，兒童與父母的互動行為取決於雙親的行為與性別。就此而言，他認為，雖然父親的衝突行為可能會對孩子造成比母親更為負面的反應，但他的正向衝突行為會引起與母親類似卻有著不同性質的反應，使孩子的行為變得較為正面。如果父親以身作則，適當地表達反對意見，意即避免人身攻擊、就事論事、尋求共識與避免情緒化，不但可以讓孩子知道衝突是正常的現象，也示範如何找出妥善的解決方法。因此，在夫妻兩人用心經營婚姻關係與有效解決衝突的家庭裡，父親與孩子特別能從中獲益。這表示，應該在小孩出生之前就朝這個方向努力，並在孩子出生後繼續經營與確保婚姻關係的健全。

其實，一項旨在預防婚姻不睦危害家庭的少數介入措施，清楚表明預防勝於治療。美國家庭基礎介入（Family Foundations Intervention）是為期八堂的課程，四堂產前、四堂產後，目標是幫助新手父母面對親職壓力。這項介入計畫由賓州州立大學（Pennsylvania State University）預防研究中心（Prevention Research Center）的馬克·芬伯格（Mark Feinberg）與其同事研發，致力提供新手爸媽解決難題的工具，不是像傳統產前課程教導父母如何換尿布、進行呼吸練習和準備生產的必備用品。研究中心是指導溝通技巧、促進伴侶間對於親職期望的溝通，鼓勵家長互相支持而非貶損對方所扮演的角色。如研發者所預料，這項計畫的結果不僅正面，也能長期維持。在二〇一三年評估計畫效用的研究中，芬伯格與其同事發現，曾經參與介入計畫的伴侶，親職壓力從孩子出生之後便不斷減少，成就感、心理健康與婚姻關係品質也持續改善，這些正面情緒影響到孩子滿三歲時依然明顯。相較之下，只有收到育兒手冊的對照組則在所有方面都呈現持續退步的趨勢，儘管他們的壓力、心理健康、關係品質與親職能力的數據在計畫一開始與接受介入的另一組並無不同。

受益的不只是家長。一段更溫暖、更加互相支持的教養關係，也增進了孩子的正向發展。他們的社交能力有所進步、更能管理自己的情緒，這些全是兒童步入學前階段的重要技能。參與這項研究的家長並不是因為風險高而被選中。作者發現，所有父母都覺得教養是艱難的挑戰，而每個人不一定都天生具有解決這些難題的能力，因此必須教導大家這些技能，不分生活背景。這項計畫之所以有效，是因為伴侶隨時需要都可以採用。伴侶可以利用懷孕期間藉由這項計畫進行討論與學習技能，也可以在生產後的前幾個星期學以致用。雖然這是一項以美國為據點的罕見介入計畫，但其研究結果適用於世界各地的父母，因為這顯示，在孩子出生前花時間經營伴侶關係、為新角色做好準備與發展多項技能，有利於雙方輕鬆通過往後必然崎嶇的道路。

每個家庭都會經歷難熬的時期，有些日子非常艱困。有時困難來自於內部，譬如父母意見不合、孩子不聽話、健康問題；有時則來自外部，但如果大家都謹記家人的感情越緊密，就越有可能成功克服困難的道理，便有機會順利度過這些風暴。這需要互相珍惜彼此的貢獻、保持開放的溝通、表達情緒與抱持同理心。將自己與家人視為一個家庭團隊。建立可以求助的外在網絡也很重要。他們不必是你的家人，你可以找朋友、找可以幫忙的專業人士，也有網路社團可以提供寶貴的協助、資訊與情感支持。

並非所有的孩子都出生在父母與親生子女組成的異性家庭。但是，今日依然有多數的兒童生活在夫妻同住的家庭裡。這些夫妻可能是男同性戀、領養孩子或接受寄養的家長，或是來自繼親或三代以上同堂的家庭的孩子。對這些兒童來說，父母的出身不一定有關係，因為無論那些細節為何，父母都是家庭的基石，而雙親關係的本質依舊會深刻影響孩子的成長與生活經驗。因此，本章主要討論一起經歷親生孩子的孕期的同居父母，他們需要使用的工具以及必須做好的準備工作，確保健全的伴侶關係適用所有人。身為新手爸媽，我們急著擬訂計畫與學習從環保尿布到嬰兒手語等育嬰知識，但很少有人停下腳步想想，假使我們沒有那些消費產品與社會及醫療服務，家庭就是所有成員的組成，而建立家庭的父母，便是家人學習與成長的典範。

伴侶關係中多了一個孩子，或許真的意味著雙方會有更多爭執與分歧，還有比以往更加憎恨對方——睡眠不足與新手父母的難題將會導致這些情況。但是，重點在於如何解決衝突與繼續生活。你也要相信，我研究的父親有絕大多數都說，有了小孩之後，他們與另一半的關係更深厚、更緊密了。我們就用諾亞與阿德里昂的感想作為本章的結尾吧：

阿德里昂：「我們的教養方式很類似，對於女兒的期望與養育方式的看法也非常一致。我們對於事情的看法也在同一個層次上，因為我們雖然是完全不一樣的兩個人，但擁有相似的標準和觀點。」

諾亞：「我們在一起二十年了。我們在茱蒂七歲時領養她，所以在有小孩之前，我和阿德里昂一起生活了十三年，我們過得很快樂，有過很棒的時光，這也是為什麼我看著茱蒂的時候心裡會想，我真的很高興我們在一起。

我覺得領養孩子讓我們的關係變得更好了，因為有另一個人占去我們所有的注意力……」

阿德里昂：「……而且帶給我們非常多的喜悅。」

——茱蒂（七歲）的同性雙親諾亞與阿德里昂

第五部

有趣的正要開始

第九章 父親的教育功能

爸爸可以教孩子什麼事

我從小踢足球，每次有足球和板球比賽，爸爸和媽媽都會來替我加油……我等不及要跟兒子一起經歷這些事情了。我期待可以教他一些東西，透過陪伴影響他的人生。我想要盡我可能地陪在他身邊和全力支持他。

——艾登（六個月大）的父親柴克

爸爸熱愛教導。我從父親身上學到許多技能與生活經驗，至今這些知識對我依然非常重要。他教了我許多的道理，包括推己及人、努力工作與凡事盡力比光靠聰明才智重要，還有今天的問題即使再困難，過了一天、一個月或一年似乎就無關緊要了。除此之外，他還教我如何砌磚，提醒我絕對不要相信穿棕色麂皮鞋的男人，也讓我不愁吃穿。我詢問自己研究中的爸爸，他們對未來的親子關係的期待，得到的答案大多是傳授知識、教導價值觀、帶孩子學會某項運動或跟孩子玩自己最愛的某個遊戲。一些父親不斷倒數從閣樓拿出自己童年時珍藏的玩具（通常是樂高、小火車或Meccano機械拼裝玩具），跟小孩盡情玩耍的日子。

這一章，我想探討父親在親子教育所扮演的角色。除了保護之外，父親普遍在教導與引導小孩成長和獨立這方面占有關鍵地位。但是，教育不只是上學而已。人類生活在複雜的世界裡，有許多行為有待學習、技能有待精通與信仰有待質疑與接納。孩子未來的成功不僅取決於其智力與學業成就，也仰賴適應社會與實際環境、與親近的人建立健康關係、與工作夥伴建立富有成效的同盟及互相合作，以獲取生存基本條件的能力。從前述章節得知，父親似乎在這樣社會化的過程中扮演獨一無二的角色。

人類透過社會學習獲得實用與專業知識，簡單地說就是人與人互相學習。這個世界極度複雜與混亂，如果每個人都試圖反覆嘗試來學習，是無法習得在科技、經濟、實務與社會上生存所需的所有知識。相反地，我們汲取前人的經驗、向他們學習並根據其知識繼續發展與創新。聽來或許平淡無奇，但倘若你知道人類是唯一會主動教導幼兒的物種，也許會明白，這種能力其實是神經與行為發展的壯舉。實際上，一些動物會模仿父母，例如，黑猩猩的幼兒可能會有五年的時間待在母親身邊，看她如何敲碎棕櫚果，但母猩猩不會告訴牠們怎麼做，而是讓牠們獨自摸索。身為父母的黑猩猩不會教導個別子女不同的技能，也不會把尋找與培養子女的興趣和長處擺在第一順位。相較於黑猩猩，人類家長能夠評估子女的能力與興趣，找出可以促使孩子學習的動力，知道需要因材施教與適度軟硬兼施讓他們學會技能。這一切都需要出色的認知能力，如同我們的諸多行為，獨特的教學能力也來自我們巨大的腦袋。還記得第八章提到那一對觀看孩子影片的父母嗎？對他們而言，此任務牽涉了主掌心智化——理解一個人的感覺或想法的能力——的新大腦皮質區域。正是因為大腦的這個區域以及這種「讀心」的能力，我們才知道如何教導他人。唯有了解別人不知道什麼、想知道什麼與是否理解教導的事情，才能達到有效的教學。

在許多社會中，擁有成功人生的技能在正規學校裡是學不到的，而通常是在有父母陪同的真實世界才能習得。因此，阿卡族的人父奧塔每天帶著他的孩子，深入剛果叢林採集食物，藉此教導網獵的技巧；奇普斯吉族的人父斯吉要求兒子一起耕田與參加男性的社交聚會，結交盟友、交流知識與討論交易，以此確保他們了解茶葉貿易的複雜性；即便是明顯不管小孩的波士頓律師麥克，也將子女的教育擺在第一位。除了讓孩子接受私立教育外，他也利用週末帶小孩認識波士頓商界的上流人士，讓他們培養拓展人脈的技能，以利他們未來的職業生涯。

然而，西方社會非常注重正規的課業學習與成就，經常使孩子難以學習其他重要的生活技能。此外，父親獨自影響孩子學業成就的程度，也不斷引起爭議。毋庸置疑，家長會對孩子造成影響，主動參與家庭與學校親子教育的父母能夠促進孩子的學業成就，這指的是在家中替孩子創造讀書的空間、花時間陪孩子閱讀、幫助他們完成家庭作業與帶他們參加教育性活動。但在教育上，爸爸是否具有不同於媽媽的角色，多年來一直引起熱議。由於媽媽往往有大部分時間都在陪小孩，學界假設這種「親職效應」其實是「母職效應」。關於父親具有獨立作用的證據則較為薄弱。不過，沒有證據不一定表示父親沒有作用，而且隨著大眾越來越關注父親角色，我們發現在孩子的學業成就，父親可能也扮演與母親同樣重要但截然不同的角色。多數的父親非常樂意參與孩子的教育，譬如柯林：

我會唸故事給女兒聽，我非常喜歡看書，而且我們已經買了一套《彼得兔》（Beatrix Potter）和羅爾德·達爾（Roald Dahl）寫的故事書放在樓上的房間。我小時候，爸媽經常在睡前唸故事給我聽，我也想對她這麼做，我喜歡這麼做。那是我一直期待的，我期待看到女兒變成一個特別的人，我期待支持她做每一件事情。

——芙蕾雅（六個月大）的爸爸柯林

目前，我的同事艾瑞妮·芙蘿莉（Eirini Flouri）與安·布坎南（Ann Buchanan）正在尋找父親在孩子學業成就上具有獨特地位的重要證據。來自牛津大學社會政策與社會工作學系（Department of Social Policy and Social Work）的他們認為，那些花時間陪伴孩子、尤其是利用遊戲開拓孩子發展與認知潛力的爸爸，必定會對孩子的學業帶來不同於伴侶、卻一樣重要的影響。在二〇〇四年的研究中，他們試圖從英國國家兒童發展研究（National Child Development Study，NCDS）的資料，找出支持這個想法的確切證據，並長達四十多年追蹤這個珍貴的英國資料庫裡一萬七千名、出生於一九五八年三月三日至三月九日的兒童。這種長期性追蹤可幫助芙蘿莉與布坎南了解，哪些因素（社會經濟、環境、生理、教育及親代教養）會影響兒童發展的軌跡。藉由教育程度的相關資料，他們發現，如同以往的研究結果，雙親在孩子七歲時投入親職的程度，明顯反映在他／她二十歲時的學業成就。親職投入指的是家長唸故事給孩子聽或陪孩子一起閱讀、帶他們參加活動、關心課業與管教行為等的頻率。但如果把教養團隊細分為母親與父親，父親對於孩子在後青春期的課業成就具有獨立且十分重要的影響。此外，這種影響與母親的參與程度無關，也就是不論母親付出的心力多寡，父親的影響依然顯著。儘管一些人認為父親可以教導兒子的東西比女兒多，但是，他對孩子的影響力沒有性別之分。

這些發現不僅重要，而且意義深遠。但是，芙蘿莉與布坎南的研究並未釐清父親在親子教育中有什麼特定的影響。他做了哪些與母親不同卻又如此有效的事？這個問題只能交給威廉．杰恩斯（William Jeynes）解答。杰恩斯研究來自全球各地好幾千人的資料，著重父親可能影響孩子的四個主要領域：學業成就、心理健康、正面行為結果與其他健康結果（譬如與其他孩童一起玩耍）。

杰恩斯的發現令人驚嘆，而且對於我們研究父親的學者來說非常合理，因為這反映了目前對於關鍵父親角色的認知——鼓勵孩子發展適當行為以利進入更寬廣的世界。首先，杰恩斯證實了芙蘿莉與布坎南的研究結果，指出父親在孩子的教育程度上的確有不同於母親的重大影響。因此，現在這是一個已知的事實。然而，父親的貢獻特別重要。是的，他會影響孩子實際的學業成就，但真正的力量是對於學習態度的影響力。他發現父親深深地影響孩子的行為與心理結果。投入教養的父親——培養孩子良好行為、強大心理健康與健康生活和學習態度——讓孩子習得良好的學習心態，能從學校教育中獲得好處。杰恩斯主張，雖然雙親都有責任敦促孩子的學業，但唯有父親才會注重培養孩子正確的學習心態與行為，並以身作則。他奠定基礎，讓孩子得以發展學業成就。

父親在孩子求學生涯中所發揮的作用，似乎在青春期之初到達巔峰。在這段荷爾蒙混亂、身體劇烈變化與挑戰接踵而來的時期，孩子通常會懷疑自己的能力與長處。但是，近期針對一萬一千兩百九十七名美國青少年的研究顯示，在適當的父職參與下，孩子能夠憑藉自身能力安然度過這段狀態紊亂的時期。全仰賴父親對於孩子自尊心的影響力，而這種力量存在於他與成長中孩子所建立的關係。主導這項研究的美國發展科學家梅莉莎．高登（Mellissa Gordon）指出，如果父親努力與青春期的孩子培養良好的關係（即有益、溫暖且不帶批評的關係），那麼不只父親能提供更多學業上的幫助，孩子的自尊心也會更加健全，如此一來，雙方都能發揮十足的潛力。努力維持穩固的關係，是父親與孩子之間所有互動的基礎。

另一方面，露西亞．齊齊奧拉（Lucia Ciciolla）率領美國科學團隊，探究家長過於注重課業成績會如何影響孩子學業成就。她利用三所美國學校中五百零六名、剛進入青春期的學生的資料，研究家長對課業成績而非社交能力的注重及學業表現的嚴厲批評，會在多大程度上影響學業。她發現，對於那些認為在競爭日益激烈的世界裡，最重要的生存技能是不計代價追求學業成就的家長而言，是一個有益的教訓。齊齊奧拉指出，如果家長沒有這麼在乎學業成績，沒有教他們將善良與社交能力看得跟課業一樣、甚至更為重要，孩子感受到的批評就會比較少且擁有較高的自尊心。實際上，成績會進步，學業成就也會比那些家長過度重視成績的孩子還要傑出。如今，不論過度注重成績的是母親或是父親，這些結果都一樣成立。然而，父親的關鍵問題是，在父母施加過多課業壓力的案例中，父親表現出這種行為的比例一般都高於母親。

因此，要給爸爸的訊息是，如果希望孩子有良好的學業表現，就必須盡力培養溫暖且有益的親子關係。所以，好好花時間提升他們的自尊心、關心每天的在校生活、教導正確的學習心態，並且向他們強調，如果缺乏同樣重要的社交技能（善意、情商與合作能力），即使擁有出色的成績也是枉然。威爾看來正走在正確的路上，雖然他的兒子克里斯多佛才六個月大：

我認為以身作則有某些道理。我跟太太聊過兒子可能會是哪種類型的人，也討論過其他方面的事情，我們希望他可以做自己，但在對待別人與尊重自己這方面，我們當然有一些期望，就我而言，就是盡力成為一個最棒的人。因此，我在思考很多自己有做與沒做的事情。我正在改變自己很多做事情的方法，試著讓人生更有挑戰性。因為我知道，我可以經常安排一些特別的活動，像是找一天帶孩子出去大玩特玩，但真正影響他的生活方式與人格品行的，其實是我每天過生活的方式。

我們都知道，教育不只是學習，不只是唸A、B、C或是解開一長串的算式。教育也不只是上學而已。在之前的章節中，我們已經提過，父親的一項關鍵任務是幫助孩子面對寬廣的世界，與鼓勵他們自立自強以邁向成功的生活。杰恩斯發現爸爸為孩子的求學經驗打好基礎，再次證明了這個現象。父親會替孩子奠定穩固的基礎，好讓他們構築充實的生活與成功的未來。但是，在教室以外的地方，父親也可以教導孩子許多事情，對很多人來說，這代表傳授道德與宗教觀及生活技能的重要責任。許多父親發現，為了做到這些事他們必須成為孩子的模範，威爾就是如此。

這裡我想引述一首詩的片段：

母親抬頭看著父親的臉，
表情若有所思，
傑克的話語彷彿一道閃電，
劃過這對伴侶的心——
「如果傑克步入我的後塵，
那麼日復一日我都得慎思而行！

因為孩子會追隨其父，
而我留下的足跡，
倘若堅實、清晰而平整，
我的兒子將能找到。
他會踏上父親留下的腳印，肯定地說，
『我是對的，因為這是父親走過的路。』
那些走在崎嶇人生道路上的人父啊，
請站穩每一個腳步，
因為當你們白髮蒼蒼時，
孩子將踏上同一條路。」

傑克是一名六歲男孩，而上述這段文字摘錄自〈跟隨父親的腳步〉（*Following Father*）一詩。作者不明，但可以確定的是，這首詩在十九世紀晚期、維多利亞女王（Queen Victoria）時代末期，刊登於一本英文的節制期刊，當時父親參與孩子成長的程度遠比現代父親還低。但是，儘管那些父親不幫孩子洗澡與穿衣、不親自餵奶與安撫，這首詩仍凸顯出維多利亞時代的社會認為，理想的父親應該教導孩子成為正直與良善的人。他們應該傳授在社會風氣極度保守的世界中十分重要的生活經驗，本章引述的真實心得顯示，這個心願依然激勵著現代的父親。如果你是人父，那麼不論處於哪個社會，都有可能跟透露自身渴望的約翰一樣，希望向孩子傳遞價值觀、拓展生活經驗與成為他們的人生模範以發揮影響力。

> 我想，重點是創造一個讓兒子可以安心做出正確決定與妥善思考的環境，但這並不容易。你要怎麼幫助一個人，好讓他們做好獨立的準備？要怎樣才能讓他們知道如果自己做了錯誤的選擇也沒關係，讓他們知道這不是世界末日，但是必須自己做決定？我的責任是引導他、影響他，成為能夠指引他明路的人。
>
> ——喬瑟夫（六個月大）的爸爸約翰

但在一些現代社會中，父親以身作則與傳遞正確價值觀的重要性，不只會影響孩子的成功，可能也關乎他們的生存。所有的父親都與孩子的社會化有關；他們將自己對於這個世界的價值觀與看法傳給孩子，希望孩子能夠適應得更好以出人頭地。他們透過談論、教導與示範良好的行為與信仰來達到這個目的。不過，某些父親渴望這麼做，是因為他們知道，孩子必將在未來的生活中遭遇困難，如果未能以正確的方式跨越這個障礙，便有可能頹弱不振，甚至無法生存。

二〇一六年的論文〈防患未然〉（*Don't Wait for It to Rain to Buy an Umbrella*）中，由奧提瑪．多伊爾（Otima Doyle）率領的一群美國社會工作人士、精神病學家與行為科學家，發表了關於兒子將屆青春期的非裔美籍父親所訪談的結果。他們面談了三十名父親，並請其回答「你的目標是灌輸兒子什麼樣的價值觀？」的問題。其答案涵蓋了文化、教育、責任感與尊重等主題，顯示他們非常清楚外界對兒子的看法必定會受到種族的影響。根據自己的生活經驗明白，兒子必將承受種族歧視與騷擾，而他們自認有責任教導孩子如何適當與建設性地回應。這些父親強調必須讓兒子學會如何面對種族歧視，還有了解必須比白人更努力工作、達到更多成就，來證明種族的刻板印象是錯的。一位父親表示，「這條路很艱難……我必須讓他知道，他必須比白人更努力地工作。白人認定我們口才不好、不知道該怎麼做事和表現自己。還有，我也要讓兒子知道，他可以過得很開心、可以講方言……但是要會看場合。」除了這些殘酷的現實之外，他們非常渴望鼓勵兒子以家族的傳統為傲，並且以此作為進步的動力。雷吉敘述跟兒子講述黑人在美國的奮鬥史，「……先人為我們犧牲、打仗，如果你辜負身為人類、尤其是黑人的使命，不只愧對自己，也愧對他們。所以，當個頂天立地的男人吧！」

對這些非裔美國父親而言，他們的責任不只是讓兒子有充分能力在社會上出人頭地，還有養育和給予支持，使他能夠對抗長期以來的刻板印象，以及成為整個民族的精神領袖。最終，如同天底下的爸爸，他們都希望孩子長大能認真工作、自我價值感高、尊重他人且以自身成就為傲。雖然他們之中有很多人都未能完成學業，卻依然灌輸教育的好處、接觸各種經驗的重要性及正規教育是自由關鍵的觀念。他們期望孩子藉由正規與非正規的教育去探索外在世界，成為社會上具責任感且獨立的一分子。他們知道要這麼做，身為父親還需肩負一項任務，就是教導兒子價值觀與生活技能，讓他們能在有時艱困與不公的世界中生存。

大多數關於父親與教育的學術研究均以親生父親為重點。但從先前的章節得知，父親不一定與他養育的孩子有血緣關係。其實，基於文化實踐或生活環境的因素，有許多小孩在成長過程中缺乏生父的參與。那麼，是誰提供必要的基礎，支持這些孩子邁向成年的教育旅程？

一九九八年，畢業於芝加哥大學（University of Chicago）的蕾貝卡．科利（Rebekah Coley）想了解，親生父親與社會父親對單親兒童的教育具有多大影響力。她大可以按照常見的方式，訪問單親媽媽或觀察單親家庭的日常生活，但她的方法非常簡單。她訪問了小孩。她找來一百一十一名八到十歲的男女兒童，請他們列出生活中所有跟自己特別親近的人。接著，問他們二十一個一系列問題，內容有關他們與這些人的互動，例如誰負責教導、誰負責管教、誰帶你出去玩。孩子在回答每個問題時，想說幾個人都可以。最後，她評估這些孩子的在校行為，並蒐集其學業成績。

蕾貝卡發現除了生父之外，沒有孩子舉出多於一個跟自己親近的男性，而在多數情況下，這個男性是他們母親的男友。然而，這些男性深深影響了孩子的生活。雖然未與孩子同住的親生父親對其學業成就有比較大的影響（不要忘了，母親也具有跟父親相同的影響力），但在社會父親積極管教孩子行為的案例中，孩子的在校行為比其他案例好得多。這些男性儘管與孩子沒有血緣關係，但扮演了支持孩子心理與行為發展的父職角色，讓孩子能在學校表現優異。

科利以及探討社會父親對西方家庭有何影響的拉瑪利・賈耶科帝（Rukmalie Jayakody）等學者的研究，都非常重要，因為皆指出孩子在少了親生父親的環境下，依然可以成長茁壯，尤其是在單親家庭。注重血緣的西方人可能會很難理解，因為西方社會普遍仍將親生父親視為「真正的」父親，並將社會父親視為次等或作為預備選項。但是，小孩不是由親生父親扶養長大，並不代表他們的生命中沒有父親這號人物。其實，儘管人們通常認為單親家庭的孩子發展成就比較低，是因為缺乏男性模範，但這樣的結論往往忽略了社會父親的角色。賈耶科帝知道，特別是在他研究的非裔美國家庭中，孩子普遍沒有親生父親陪伴的遺憾，通常會因為社會父親的存在而得到彌補，他們每天出現在孩子的生活中，傳遞重要的價值與道德觀念，提供教育性的讀物與活動，也協助另一半善盡母職。這些男性可能是孩子母親的男友或伴侶、孩子的叔叔、祖父、外公或是母親的男性好友。賈耶科帝與科利都發現，扮演教育者角色的父親有許多面向。

＊＊＊

是的，我們正在與喬瑟夫一起學習，這一切隨時都在改變，但你不能永遠都用同一套學習方式，因為在他們長大的同時，你也在摸索。可以學習一些普遍的教養技巧，但問題是如何運用在不同年齡與個性的孩子身上。這種學習是永無止盡的。

——喬瑟夫（六個月大）與里歐（兩歲大）的爸爸約翰

本章的標題是「父親的教育功能」，但很容易被當作「父親的教育」。父子之間的關係並不是單方面由父親教育孩子，而是雙方面互相交流，因此，父親影響孩子發展的同時，孩子也可能對父親造成影響。家長的身分帶你踏上終生學習的旅程，如狄倫所意識到的：

教養這件事每天都在變化。我確定接下來幾年還會有更多的事情，這會一直持續不斷。學習曲線不像一開始那樣陡峭，因為當時你接觸到的事情是如此新鮮、如此不同於以往，你的生活也有了無法估計的變化。教養的工作還是不太容易，但比較沒有那麼吃力了。我不認為有天我能坐下來翹個二郎腿，然後說，「教養工作結束了。」

——佛萊迪（四歲）的爸爸狄倫

許多男性將父職過渡期當作一個機會，藉此重新評估生活、努力改善表現與重新調整工作的優先順序。但是，寶寶出生之後，這個改變的過程依舊持續。我研究的新手爸爸經常提及身為家長所學到的經驗，他們認識了耐心的價值、活在當下的力量，還有睡眠不足其實是一種有效的折磨方式。不過，這全是養小孩的間接結果。當孩子說你的行為讓他感到尷尬、或幫他／她穿的褲子跟鞋子不搭時，他們是在直接要求你改變行為或想法。無論喜歡與否，這些意見都將在親子關係中不斷出現，而且會隨著孩子越長越大、說服與脅迫的能力越強，而越難以忽視。

加拿大貴湖大學（University of Guelph）的里昂・克欽司基（Leon Kuczynski）、羅賓・匹特曼（Robyn Pitman）、龍塔-楊（Loan Ta-Young）與羅

莉・哈拉克（Lori Harach）反向思考親子關係的角色，評估一群八到十四歲不等的兒童對於父母發展的影響。他們請三十對父母回想，孩子在什麼時候要求他們改變行為、要求什麼內容，以及孩子運用了那些技巧或行為來說服他們改變。不出所料，孩子最常給父母的指教包含有關流行與音樂、健康與安全、適當行為（幾乎都是不要在公眾場合讓他們出糗）以及價值觀或信仰。大部分的家長都能接受這些要求，且隨著孩子年齡越長、能力似乎越來越強，接受度也越高，並且認為這是反省自身行為與看法的寶貴機會。從深思熟慮且辯才無礙的主張、到不厭其煩的抱怨或嘮叨，孩子利用各種技巧說服爸媽改變。你不能低估一個八歲小孩苦苦哀求你改變的眼神。如研究中一位十歲兒童的父親所述，「我特別注意到……她神情凝重，講話的語調非常嚴肅。明顯可以看出，她是在用上對下的態度，表示有重要的事情要跟我說。她的態度和舉止吸引了我的注意力。」另一位父親則是對女兒的口才感到驚奇，「……她能言善道，可以非常詳細、熱情地敘述自己的感覺、她預期會看到的事情、會有的經驗與會出現的想法……」這些父親願意接受孩子的影響，等於也進一步讓孩子成為重要的獨立個體，而其中的鼓勵正是父親角色的核心。他們讓孩子知道，他們尊重這些想法、認知付出的需要且理解任何關係（不論其中成員的相對地位如何），以及他們了解孩子在親子關係中具有影響力。這麼一來，這些父親讓親子間的學習循環持續不斷，同時也提高孩子的自尊心並鞏固長期關係的基礎。

> 我想起我在人生中做過的糟糕選擇！那對我的父母來說該有多棘手啊……你要怎麼面對這些事？你如何讓別人自己做決定，即便有時你難以接受？我想這是一種壓力，你教導孩子、希望看到孩子能夠發揮所有出色的潛力，但又擔心自己能做的只有這麼多。他是一個將來會有想法的個體，因此我要如何能發揮有利的影響，同時又能讓他自己做決定？我想這肯定是家長最難為的一點。關心孩子，但也要讓他們有選擇與犯錯的自由。
>
> ——喬瑟夫（六個月大）的爸爸約翰

關於智力的遺傳程度，爭議仍舊不斷。但是，父親對於孩子的知識與技能的影響力遠超乎他帶來的任何基因。母親與父親都會影響孩子在正規教育中的成敗，但如同其他許多面向，他們在這方面的角色相輔相成。父親在養成行為、傳遞知識、提升自信與創造學習環境的方面具有特殊地位。而在教室以外的地方，父親也能傳授技能、觀念與心態，讓孩子有能力度過人生的起起伏伏，並且始終心志堅強、工作認真與作為社會上有用的一分子。此外，父親也難免會從孩子那兒得到儀容打扮的批評指教。

第十章
對子女的影響
父親在兒童發展中的角色

在人類史絕大部分的時間裡，父親據信對子女的發展毫無貢獻。一般認為，孩子的口語能力、運動神經與音樂或創作天賦，全是從與母親之間緊密且獨有的連結而來；關鍵在於母親一個人的影響力。親生父親無疑貢獻了一些基因，但人們認為，成長環境是最重要的因素，而這個環境由持續照顧與養育孩子的母親所維護。

身為演化人類學家，我實在無法接受這種看法。這否定了進化的基本規則：效率。進化機制是自然世界中一板一眼的會計師。它會盡力透過最有效與最具成本效益的可行路徑來達成目標——物種的生存。但是，人類似乎希望藉由極其複雜的方式來解決生存危機，方法就是創造相對罕見的父職角色。如此一來，人類的合作、生理構造、交配行為與生命史會經歷重大變化。一直以來大多避免互相接觸的男性與女性，突然間必須合力進行性行為以外的事情，男性的大腦必須進化才能教導與照顧孩子，成人必須與連續單一配偶制[2]所主導的生命歷程妥協，還有青少年這種生物也出現了。有了這些演變，我們難道不開心？這是巨大的變遷，而且極具風險。如果人類要能經歷生物機制與行為的重大變化、進化要推動這些改變，為人父者就必須賦予孩子某種獨特且關乎生存的事物。他必須對子女的發展發揮影響力。這一章我想探討，孩子人生初期與通往青春期的崎嶇道路上，父親具有什麼樣的影響力。在開始討論之前，需要先認識人類組織生活的獨特方式，還有為何只有人類物種的父母，必須面對愛耍脾氣的學步兒童與愛理不理的青少年。

精力是人生的貨幣，而「生命史」意指人在一生中投入精力的方式。所有動物的精力都是有限的，大致分為三種投入方式：發育、生命的維持與繁殖。一個人選擇如何將精力分散在這三個領域中，將深刻影響自己的一生，包括何時喝奶、何時第一次交配、一次生下多少後代、長得多大及活得多久。就拿背部毛髮為銀灰色的黑猩猩與田鼠兩種體型差異甚大的動物來說好了。我們知道，妻妾成群的銀背黑猩猩必須發展與維持壯碩的體格，才能控制群體、擊退有意競爭的成年雄性並保護家人。這會消耗牠大部分的精力，但因為牠除了偶爾心不在焉地陪孩子玩耍與容許他們偷吃食物之外，並不會照顧兒女，所以幸好牠實際上在繁殖方面付出很少，只有一些精子而已。因此，牠一生的大部分精力都投入在發育與生命的維持上。對比之下，天平的另一端是雌性的田鼠。這種小型生物在出生僅十天後便能進行繁殖，壽命最多只有一年。牠在發育和維生方面消耗的精力極少，但極度早熟的性徵與每三十五天可生下多達十四胎的能力，代表牠在繁殖投入大量精力。不同於可在圈養條件下活到五十五歲的黑猩猩，這種小老鼠體現了「活在當下，不求長壽」這句諺語。相較之下，儘管一些人認為自己擁有及時行樂的靈魂，但人類肯定屬於銀背黑猩猩的這一邊；因為我們從為期不短的童年開始發育，再緩慢進入老年階段。

而生命史另一個面向是發育階段的數量、發育階段出現的時間點及持續的長

2 允許離婚與再婚，但同一時間只能有一位配偶。

度，同樣會受人類分配一生精力的獨特方式所影響。按一般規則，奉行「活在當下，不求長壽」信念的人，傾向迅速度過發育時期來到成人及生育的階段，速度越快越好。相反地，如從第一章所知，擁有巨大腦部的人類需要慢慢發展成熟，而且在發育階段耗費多年的時間。

包含人類近親靈長類動物在內的大多數哺乳類動物，都會經歷三個階段：嬰兒、少年與成人。他們從無法離開奶水的小毛頭，變成令人頭痛又精力旺盛的青少年，再成為發育成熟的大人。然而，正如人類通常會有的情況，我們已經脫離這個傳統的模式了。如今，人類的生命史分為五個階段：嬰兒、兒童、未成年、青少年、成人。這使我們成為獨特族群的一員，而且可能是唯一的成員。一般認為，只有鯨魚和海豚有資格加入我們。這些物種的共通之處是腦部的體積異常龐大，因此，後代在發育成熟之前，需要更多時間成長與學習善用大腦以確保生存。

童年時期是摸索的階段，讓我們結交朋友、克服困難、探索外在世界，還有但願能發展出對知識的熱愛。然而，在生命史的世界裡，這個階段被無趣地定義為嗷嗷待哺與獨立飲食的時期。蹣跚學步的幼兒在發育初期需要餵奶，再來需要大人餵養固體食物，相信那些曾被蘋果切片與食物攪拌機整得半死的家長們非常清楚，這就是童年階段。一開始，幫忙媽媽照顧小孩的人是女性親屬，但從五十萬年開始，如第一章提及，孩子的爸爸接下了這個角色。

另一個獨一無二的階段是青春期。今日，在這個成長階段，孩子情緒起伏劇烈，熱中探索性吸引力、社交生活與創造力，也偏愛奇裝異服的打扮。對喬瑟夫等爸爸而言，這個機會可以讓他們深切思考，如何幫助孩子度過這段充滿挑戰的時期，好讓他們成為具有自主能力的大人。

我和父親關係很好，但其實我不太喜歡這樣，我希望他能質疑我在青春期的一些想法，但他或許有一些考量所以沒有這麼做。我希望跟孩子發展與培養一段關係，隨著他們進入青春期與開始發展個人特色，應該會產生越來越多如何面對生活中的問題、挑戰與機會的疑惑，而我希望與他們建立親近的關係，這樣才能在他們嘗試解決困難的同時展開對話。

——喬瑟夫（四歲）與里歐（兩歲）的爸爸約翰

正式說來，青春期的定義是骨骼停止生長與性徵開始發育的階段。關於為什麼會出現這個階段，眾說紛紜，但最有可能的原因是，它讓人類巨大的腦部完成發展，並讓個體能夠習取重要的生存知識，不會因為求偶的強烈欲望分心。關於青少年大腦的研究顯示，其實是腦部發展飛快的時期，尤其是前額葉皮質（掌管理性思考）仍處於建構階段，表示青少年傾向在杏仁核的驅使下衝動或情緒化地回應情況，未能仔細思考最合理的行動。聽來耳熟？當母親還在處於懷孕與哺乳的無限循環中，父親在這個時期發揮十分重要的作用，負責管教孩子逾矩和負面的行為，並扮演教師與嚮導的角色。研究指出，父親對於青少年子女的發展，如同對於學步幼兒與孩童的影響一樣重要；他們的角色與行為會隨著兒女逐漸長大而有細微變化。

青少年階段先講到這裡，我們暫時回顧一下幼年時期。從前面的章節中我們知道，父親與子女的緊密連結對健康的發展至關重要，這種關係在生命最初的一千天尤其關鍵，因為這段期間大腦正在快速發展。二〇一五年，萊頓大學（Leiden University）的黎安・考克（Rianne Kok）率領一群荷蘭科學家展開關於一百九十一名兒童的前瞻性研究，探究家長的照顧行為對孩童腦部發展有何影響。這項研究的前瞻性表示，研究人員即時追蹤孩童的發展，在受試者年僅六週大時展開研究，而不是調查過去的發展以找出關聯（即回溯性研究）。他們首先募集一群剛出生的嬰兒，然後進行腦部超音波掃描與測量頭圍，作為研究的基準數據。之後的八年期間，除了在孩子滿一歲時評估家長與孩子玩耍時的敏感度，還有在孩子三、四歲時觀察問題解決遊戲中的親子互動之外，都沒有打擾這些家庭。親子互動的實驗階段過了四年，也就是這些家庭的孩子滿八歲時，再度登門拜訪，並對兒童腦部進行核磁共振掃描。藉此了解大腦的詳細構造，包含灰質與白質的比例。之前提過，灰質是神經元，白質則是連接神經元的軸突，使大腦的不同區域可以互相溝通。理論上，灰質越多與白質密度越高，大腦就會越「聰明」，因為它擁有越多的神經元，而神經元隨著連結增加，越能互相溝通。這樣錯縱交織的神經結構，讓我們得以展現人類物種在認知方面的彈性與複雜性。

他們發現，父母在玩耍與問題解決活動中敏感度較高，他們的孩子腦部總容量會大於其他兒童，因為大腦中的白質與灰質比較多。如同感情融洽的父母與孩子會呈現一致的催產素分泌量，寶寶從父母身上看到的正面行為，也會反映在其大腦結構。大腦中的黑質（或灰質）與白質，證明了家長的行為會深刻影響子女的發展。實在不可思議。在這項研究中，對孩子需求敏感的家長，實際上提供了孩子結構性的生活基礎，並且賦予他們神經架構，讓他們得以成長茁壯。

學步時期是兒童生命中變化快速且激烈的階段。完全依賴父母的日子過去，孩子開始獨立探索這個世界。開始發展語言能力，但進展令人沮喪地緩慢，因此很難表達自己的需求；之前還在襁褓中所做的可愛行為，到了這個階段變得沒那麼討喜了，因此他們開始聽從大人的管教；去上幼兒園或托兒所，代表必須學習與遵守數不盡的社交規範。難怪他們的脾氣既古怪又難搞。這段期間，新皮質的關鍵區域（負責大腦高階運作功能的外部區塊）迅速發展。這個區域——前額葉皮質——主掌執行功能，也就是供我們彈性回應情況的一系列技能。因此，這裡蘊藏著解決問題、集中注意力與抑制負面行為本能的能力。當他們成為青少年，這些能力會陷入輕微混亂的狀態。執行功能讓我們得以迎接新挑戰、解決新的問題與抵抗誘惑。長期而言，前額葉皮質運作良好的人，擁有比較健全的心理狀態，可以較有效地調整行為，也會有更好的學業成就。如果孩子在這個階段得到關懷與支持，大腦的這個區域及對應的行為就能提供穩固的生活基礎。許多父親仔細考慮到父職的這個面向，譬如約翰：

我想我們會一直面臨的挑戰是，要怎麼讓孩子在長大同時也越來越獨立？我們要如何引導他朝這個目標前進？當然，上學這件事讓我們清楚了解到，這是兒子邁向獨立的下一步。

——喬瑟夫（四歲）與里歐（兩歲）的爸爸約翰

以打鬧玩耍的方式與小孩相處的父親，在兒童執行能力的發展上具有獨特的影響力。第七章提過，玩耍是親子培養感情的關鍵要素，在西方家庭尤其如此。但是，這種遊戲的特色，包含注意對方突如其來的舉動、迅速回應動作的變化、控制激動的情緒與面對及克服生理與心理的挑戰等，對執行能力的發展也很重要。現在有確切證據指出，跟處於學步與學前階段的幼兒打鬧玩耍，特別能刺激這些技能的發展。

二〇一五年，美國北卡羅萊納大學（University of North Carolina）與紐約大學（New York University）的一群學者，以六百二十名來自賓州及北卡羅萊納州低收入農村家庭的兒童為對象，研究父母與子女的玩耍行為如何影響執行能力的發展。研究中，他們分別觀察這些孩童滿七個月大和兩歲時與父母的互動情況。

過程中，研究人員要求家長陪孩子玩遊戲。孩童七個月大時，家長可以自由與他們玩耍，但到了兩歲時，孩子在實驗中玩難度越來越高的拼圖玩具，需要媽媽或爸爸的協助。同時，研究人員評估家長對於孩子需求的敏感程度，敏感度高的家長在遊戲過程中相當投入，會溫柔地回應孩子、表現出適度的興奮情緒，也會一邊玩、一邊教導孩子；敏感度低的父母則顯得心不在焉，未能察覺或無法適當回應孩子的需求，也不會在遊戲中教孩子東西，從頭到尾態度都很冷漠。

孩童滿兩歲的觀察活動過了一年後，研究人員再度拜訪這些三歲的孩子，測試他們的執行能力。這些適合兒童的測試結合了手翻書、圖片、各種形狀與顏色，用於評估記憶、專注與控制情緒反應的能力，也就是大腦執行功能的三大面向。結果顯示，父親對於執行功能的影響在孩子兩歲時的玩耍實驗中最為突出。在玩耍活動及拼圖遊戲中得到爸爸幫助與教導的孩子，在工作記憶（解決問題的必要能力）、注意力與克制力的方面有比較好的表現。這些全是達到學業成就與適應社會的必要能力。然而，在孩子七個月大時，爸爸們執行功能的影響與媽媽不分上下，也就是父母雙方在親子玩耍的行為中都扮演同等的角色。看來，只有在孩子開始探索世界與獨立生活，也就是成為人類物種獨有的學步幼兒時，父親對於發展能力的獨特貢獻才會浮現。父親關注的重點是幫助孩子發展認知能力，讓他們在外面的世界立足，就算第一步只是踏進幼兒園。

丹：「我覺得，時間越久，我就越投入。我想，孩子越長越大，也會越來越愛我。我正在耐心等待。我很喜歡給他們建議。我跟他們說『我現在給你們的建議，你們不懂，但將來有一天你們會恍然大悟』，所以我覺得我應該繼續這麼做，不是因為他們之後會獨自生活，也不是因為我之後會離開，但我真的認為，等他們長大之後，我會得到更多回報。」

賽門：「我很珍惜現在。我一直在想，他們不會永遠都想跟你摟摟抱抱，將來他們會跟你說『我不想要有兩個爸爸。我不想跟你擁抱，不要再用又粗又髒的鬍子磨我的臉了』。」

——黛西（六歲）和比爾（五歲）的同性雙親丹與賽門

事實上，父親對孩子這種獨一無二又威力強大的貢獻，影響之遠不只是執行能力的發展而已。瑪姆柏格（L.E. Malmberg）率領牛津大學學者進行的英國研究，探索在九十七個家庭裡，敏感的教養對孩子的一般認知能力和語言發展有什麼影響。他們有意探討兩個主要關鍵問題。第一，希望了解其中一位雙親的敏感教養，是否能緩衝另一位家長敏感度低落教養對孩童所造成的負面影響。第二，想知道是否不論背景或各種社經因素，例如家長的教育程度、社經階層與家庭收入，敏感的教養普遍都與腦部的發展有關係。

這群學者發現，家長在孩子十一個月大時所表現的敏感程度，會影響他們滿十八個月大時的心智技能與三歲時的語言發展。但是，如果排除社經地位的因素，這個結果適用於母親，也就是假設所有母親都有相同的背景。如果考慮社經地位，也就是讓研究更真實呈現人類組成的多元性，則母親的敏感程度並不會影響孩童在這些方面的發展。相較之下，父親不論屬於哪一個社經階層，對孩子都有重大影響。無論出身富庶的市郊地區或貧困的鄉村地帶，用心照顧孩子的父親都深刻影響了子女的心智發展和語言技能。其實，就語言技能而言，父親對孩子的影響力遠大於母親。由於雙親對孩子的影響各自獨立，倘若母親不關心小孩的發展，父親可以彌補另一半帶來的影響，換句話說，父親的教養技巧，能夠緩衝不良的母子／母女關係對兒童心智發展造成的潛在負面作用。

顯而易見的是，作為父親，對子女的大腦在結構與功能發展上的影響力，或許可以提供穩固的神經基礎，讓他們從經驗中學習與發展適當的行為反應。最能讓孩子學習這些反應的地方就是社交場合。第五章提過，所有的爸爸（奧塔、麥克、斯吉與詹姆斯）都把重點放在引導小孩學習與接觸社交環境，讓他們發展適當的技能以在社會上立足。這一章，我希望帶大家認識，在父親的行為與心力之中，是什麼讓他擁有這樣的影響力。

阿德里昂：「她很習慣與別人互動，在社交方面很積極。她很愛交朋友。」

諾亞：「她也很討人喜歡。」

阿德里昂：「你這麼說，是因為她是你的小孩。」

諾亞：「不是，如果她不討人喜歡……假使別人不喜歡你的小孩，你一定會知道。她的個性讓人很喜歡跟她相處。我很享受和她在一起的時光。」

——茱蒂（七歲）的同性雙親諾亞與阿德里昂

所有群居動物的後代，譬如剛才提到的茱蒂，都必須適應社會，並且遵守社會的行為規範。低等動物根據視覺與嗅覺的線索來調整方向，譬如螞蟻或蜜蜂。在哺乳動物中，後代還在父母的保護下便開始上第一堂社交課，與雙親一起學習如何建立互益的關係。就人類而言，鞏固社交關係所需的知識分為兩個階段。第一是哺乳類的基本發展階段：擁抱、撫摸與親吻會刺激催產素的分泌，進而提供建立關係所需的神經化學物質。第二是運用龐大的新皮質（大腦的皺褶表面，掌管高階的智力與認知能力）的高等階段，透過語言和複雜思想建立社交關係。在戀愛關係中，這個階段會使人魂不守舍、產生愛人寫詩的衝動及沉浸在充滿愛意的無數時刻。我們從小時候便得開始運用這兩個階段的行為——擁抱與說話。到了學步階段，我們開始進入不一定只有家人和親戚的社交圈。上幼兒園，表示進入一個潛在的人際關係並非建立在血緣之上的世界，不會像與親屬相處一樣得到無條件的認同。因此為了得到社會的接納，我們需要運用兩個關鍵技能：控制情緒以免嚇跑別人的能力，以及了解與遵守遊戲規則——即社會規範——的能力。費爾德曼提出的生物行為同步化理論，據她主張是所有依附關係的機制，也就是指，關係緊密的兩個人在行為、生理與荷爾蒙方面會互相影響。但在一項開創性研究中，團隊進一步指出，這個鏡像作用也擴及為人父母的大腦結構。他們發現，家長的大腦內神經連結（白質）的密度越高，子女適當控制情緒與遵循社會規範的能力就越強。

我們知道，人類的大腦有三個主要網絡與教養行為有關：邊緣系統、同理心系統與心智化系統——也就是基本的情緒、情商與心智解讀能力。邊緣系統是所有哺乳類都有的原始構造，而同理心與心智化系統則位於新皮質。這兩個系統一個基礎、一個進階，以雙向的溝通管道相連，讓為人父母得以處理多方面的育兒工作。伊亞爾・亞伯拉罕、托爾瑪・亨德勒（Talma Hendler）、奧爾那・札古里-雪倫與費爾德曼在共同研究中，以二十五位異性戀親生媽媽與二十位同性戀親生爸爸（他們都是家中主要照顧孩子的人）為對象，探討前述三個大腦區域內部與彼此間神經連結的密度。這個以色列研究團隊發現，不論主要照顧者是媽媽或爸爸，從這些家長的行為與神經結構，可以預知他們的小孩有多能適應幼兒園的社會環境。因此，最基本的育兒行為——撫觸、口頭安撫與眼神注視——支持著孩子控制開心等直接情緒的能力。此外，家長與孩子在幼兒時期生物行為同步（即行為、生理反應與連結荷爾蒙均一致）的程度，也預示了孩子處理挫折與生氣等複雜情緒的能力，而以溫暖與正面的方式育兒、卻也適度管教並設定界線（社會規範）的父母所教出來的孩子，在幼兒園裡與其他兒童相處十分融洽。

但是，在這些明確的行為連結以外，孩子的上述技能與父母的大腦結構之間還有驚人的關聯。在父母的大腦中掌管情緒的區域，若具有較高密度的灰質與白質密度，子女的發展會比較正面，能夠透過自我安撫來調節情緒，也較能適應社會。同理心區域灰質與白質密度的父母，同樣也教出了比其他兒童正面的孩子，但與前一種情況不同的是，這些孩子能夠利用複雜的行為來控制激動且負面的情緒。最後，如果父母大腦的心智區域呈現大量灰質與白質，孩子會展現良好的社會化程度，也就是比較能夠理解與遵守大人的要求、願意分享事物，也會幫助與安慰別人。更令人意外的是，家長的大腦中邊緣系統與同理心系統之間的連結密度，與子女在學齡前階段的催產素分泌量有直接關聯。父母的大腦似乎是子女在情緒與行為發展上的生理基礎。

為什麼這些結果十分重要？因為凸顯了社交能力如何跨越世代。這項研究中的家長，擁有成功與社會化所需的良好情緒、同理心與心智化的能力，透過育兒行為，可以將這些能力傳承給子女。再來，這些結果之所以重要，是因為在幼年時期掌握這些基本行為，可以幫助你準備面對將來的生活。小時候能夠控制情緒與社會化良好的人，長大後在人際關係、教育和工作方面會有更高的成就。

因此，為人父者必須培養孩子這些重要的社交技能，而最有效率的時期就是生命最初的一千天，最長可到孩子的兩歲生日。你必須示範你希望在他們身上看到的社交技巧，花時間了解他們的情緒與需求以提供適當的支持，透過遊戲促進生物行為同步的作用，並劃定明確的界線，讓他們知道哪些是良好的行為、哪些是不被接受的行為。這個工作有時會很困難，尤其是氣沖沖的另一半踩到底線的時候，但若以身作則，你將能賦予孩子一份珍貴的禮物——在社交世界中生存的必備能力。

儘管理想的情況是如此，但一些兒童的父親因為特殊情況，難以或無法在他們身上投入必要的心力與時間。對這些孩子而言，未盡照顧責任的父親，不管是因為工作、疾病或分居的關係，都可能導致他們出現嚴重的社交問題。缺乏適當父愛會造成的一個後果是社會退縮（即喪失社交能力）。社會退縮的概念與情緒涉入[3]相反，意指正面行為減少或徹底缺乏及負面行為縮減的現象，這裡指的是孩子完全不與別人來往的情況。這種症狀可能是孩子的個性所致，可見於患有泛自閉症障礙（autism spectrum disorder）、創傷後壓力症候群（post-traumatic stress disorder）或依附障礙（attachment disorder）的兒童身上。但是，父母患有憂鬱症的孩子也可能有這種傾向，原因是孩子會模仿照顧者的行為，例如悲傷、精神萎靡與意志消沉（是為行為同步的負面表現），以逃避不正常的關係。隨著我們逐漸認識到許多新手爸爸深受產後憂鬱所苦，以及父職過渡期可長達兩年的事實，明顯可知孩子在就學前的黃金階段，情緒與行為發展可能會受到父親心理健康問題的負面影響。

有幾項近期研究證實了這一點。在關於兩百六十名嬰兒的研究，芬蘭兒童精神病學家米爾雅咪．曼蒂瑪（Mirjami Mäntymaa）與其同事發現，兒童表現出社會退縮症狀的可能性，與父親在這項實驗的前一年對自身心理健康的看法有關。我在牛津大學精神病學系的同事保羅．拉姆錢唐尼，研究父親的心理問題與精神疾病對子女發展的影響至今已超過十年。他評估三歲半的兒童後發現，如果父親患有產後憂鬱症，兒子出現行為問題與語言發展不良的可能性會增加。倘若父親在產前與產後期間出現憂鬱症狀，子女在七歲時出現精神障礙的風險也會提高。

這些關聯何以存在？原因可能全是最人性化的特質——我們說話的方式與談論的

內容。

二〇一二年，拉姆錢唐尼徵得三十八位新手爸爸。當時，他們的寶寶都三個月大，有男有女，但其中十九位爸爸有一個共通點：他們都患有憂鬱症。拉姆錢唐尼請所有的爸爸在不使用玩具的情況下與孩子聊天和玩耍三分鐘。他記錄互動的情況，然後分析這些父親與孩子的「對話」。結果發現，患有憂鬱症的爸爸在親子互動中，大多都在談論自己的經驗和感受，並未將注意力放在共同的玩耍經驗上。此外，從他們使用的詞彙可看出認知的偏頗。他們遠比其他父親更容易使用負面語言與當眾批評自己和子女。兒童發展出對於照顧者的強烈依附情感及心智化技能的能力，有一部分建立在他們與照顧者互動時的「心意相通」之上。假使父親患有憂鬱症，他與孩子的互動過程中是不會出現「心意相通」的，因為他有大半時間都在關注自己，這可能會損及孩子的依附情感與心理發展。

然而，如果你是一位有心理問題的父親，不必因此感到沮喪。為子女的發展做出正面貢獻的機會，並不會因為他們年滿兩歲就嘎然而止。如我們在青少年身

3 對接觸的人、事、物投入感情，形成共鳴。

上所見，人的大腦在一生中會不斷發展與改變，而學者也發現，在其他成長階段給予孩子正確的教養，可以彌補過去的負面影響。只要掌握持續轉變的人類大腦所賦予的機會，就能利用孩子易受外在影響的時期，用心投入教養、對孩子的生活帶來正面的影響。關鍵的時期之一，就是變化快速與躁動混亂的青春期。

我在本章開頭提到，目前所知人類是唯一一個生命中有青春期階段的物種，據信這個時期讓兒童有時間學習在社會上立足所需的所有知識。在演化環境裡，代表跟隨父親到荒郊野外學習器具製作與狩獵的技巧，還有花時間磨練社交技能以確保自己能與同伴擬定計畫與互相合作。這些全都是重要的生存能力。今日，同樣的概念意味著教孩子煮飯、使用洗衣機、讓他們參加團隊運動，或鼓勵他們接受嶄新的生理或心理挑戰、探索各方面的興趣。但除了教導之外，父親也會影響孩子在青春期中最容易受影響的特徵——心理健康。

波比一天天長大，目前為止最能教導她的方法是讓她做東西，只要安全就好。這種方式跟「照我說的話去做，不要學我的行為」相反。有時候，你必須放手讓他們自己嘗試，他們可能會摔倒、撞到東西和痛得大哭大叫。讓他們當小孩。你必須讓他們自由探索。他們沒那麼脆弱，而是比你想像的還要有韌性。在玩遊戲或唸故事書的過程中，讓他們面對風險與挑戰；讓他們接觸越多事物越好，這樣他們長大後才知道怎麼解決問題。

——波比（五歲）與伊莎貝爾（兩歲）的爸爸奈吉

人生充滿阻礙與問題，最好是用「好，那就上吧！」的態度來面對。有些人遇到負面情緒就陷在裡面不可自拔。我希望，她未來能夠一直樂觀地過生活。

——茱蒂（七歲）的爸爸諾亞

韌性（適應力）指的是一個人採取行動與適應困難或挑戰的能力。這是諾亞與奈吉決定讓孩子學習的特質，儘管他們年紀還小。相較於不善應變的人，適應力強的人一般比較善於交際、懂得變通，對生活的滿意度也比較高。從行為上的證據來看，父親的主要任務，是讓子女暴露在困難或不利的情況下以培養他們的韌性，進而能夠面對與克服人生中的打擊與阻礙。並不是要命令孩子在十級強風下走三十公里的路，而是讓他承受生理與情緒的風險，同時知道你會是溫暖的避風港。中國陝西師範大學（Shaanxi Normal University）由心理學家張寶珊帶領的研究團隊在這個議題上提出了有趣的看法，他們主張，父親影響子女心理韌性的獨特能力，完全來自於他的性別。

張寶珊與其研究團隊認為，適應力強的人普遍具有男性化的人格特質，包含社會優勢、目標導向、自信、心理素質、樂觀與挖掘樂趣的能力。並不是指這些人格特質只限男性，女性也可能有這些表現。意思是在這個性別分明的世界裡，這些特質被歸類為「男性化」，因此，男性傾向接受，且有能力傳給後代。他們邀請七百四十八名十一到十六歲不等的中學生，描述父親在兩個生活面向的參與情況：給予情感支持的程度與管教的嚴厲程度。另外，也請這些學生對一系列的陳述表達同意程度，譬如「男人是勇敢的」，以評估孩子對於男性刻板印象的看法及男性性別角色的認同度。

調查結果令人玩味。我們以為與父親感情融洽的孩子擁有比較強的韌性，父親管教嚴格的孩子適應力較弱，因為溫暖的行為可以滋養心理健康，而敵對的態度會使人逃避挑戰與困難。但是，促成適應力的不只是溫暖的關懷。孩子與父親之間的感情和親密似乎助長了互利的關係，不論孩子性別為何，都可藉此從父親身上繼承一些據稱為韌性基礎的男性特質。如今，這樣的結論因為暗指女性沒有韌性而引起爭議。雖然如此，從有趣的角度解釋為何父親似乎對子女克服挑戰與風險的能力，負有特殊責任，而另一方面又能給予情感上的支持。

這種對於心理健康獨特的個人影響力，不受父職文化所限制，而是普遍存在的。從南美洲、中美洲到中國，從歐洲到北美洲，在世界各地的人口中，明顯可見父親在子女未來的心理健康上扮演特殊角色。結果與上述調查相似的一項研究中，阿根廷發展心理學家瑪莉亞·克里絲汀娜·里沃·德米茲（María Cristina Richaud de Minzi）發現，相較於母親，父親對孩子的心理健康具有不同且更為深刻的影響。在八百六十位八至十二歲的兒童受試者中，與父親感情緊密的孩子表現出憂鬱症狀或產生寂寞感的風險，比其他兒童低得多。對比之下，與父親關係不穩定的孩子，遠比其他人可能覺得寂寞、害怕獨處，並且在親子與同儕關係中感到孤獨。

為什麼父親可以如此深刻地影響青少年的心理健康？原因在於兩個因素的結合：父親特別注重孩子的社交能力與自主性，以及青少年身處獨特的成長環境。

進入青春期，就是離開一直以來為你塑造成長環境的爸媽，踏入全新的世界，在那裡，你的主要勢力範圍是同儕。為了適應這個世界，必須相信自己有能力獨立生活，盡力展現親社會行為以培養健全與互利的人際關係。所謂親社會行為，指的是正面、有益與意圖增進社會接納程度與友誼的行為，例如同理心、分享事物及適當的情緒控制。由於這些能力大多取決於與父親的依附關係，而無法在社會上生存會帶來孤立感與壓力，因此與父親的感情會直接影響產生憂鬱或焦慮症狀的可能性。

然而，這種關係不只影響到青春期。在這段期間與父親的感情好壞，會一路影響長大之後的身心健康。在第八章提過壓力荷爾蒙皮質醇。雖然少量的皮質醇對我們非常有利，可以幫助克服立即性的壓力或威脅，但大量皮質醇長期存在，會使人無法面對沉重的生活事件，生理健康也會遭到危害，增加心血管疾病、糖尿病、高血壓與癌症的風險。二〇一七年，亞利桑那州立大學（Arizona State University）與舊金山大學（San Francisco University）多位心理學家一同研究，孩子在青春期與父親的感情，對於年輕成人進行困難任務時的皮質醇分泌量有何影響。研究團隊發現，父親花時間陪伴子女（一起從事休閒活動或煮飯等家事）

的案例中，這些年輕人在面對難題時血液中皮質醇含量，比缺乏父親陪伴的同輩還要少。此外，不論種族以及父親是否為孩子的親生父親或繼父，結果都是一樣。之前的研究顯示，青少年會根據父親陪伴他們的時間，來判斷自己對父親的重要性，進而影響其自尊與心理健康，而這項研究暗指，心理健康的基礎是運作良好的神經化學系統。因此，要傳遞給孩子進入青春期的爸爸的訊息是：務必花時間與子女一對一相處。活動不一定要多特別，像是洗車或做傳統美食就很好。這種時間很重要，除了讓孩子感覺被在乎，也能大幅增進親子關係，這麼一來，即使他們與你的距離逐漸拉遠，之間的關係依然是孩子幸福感的重要來源。

但是，傳承給子女的不只是生活經驗或祖傳食譜。你一生所遺留下來的東西也寫在基因裡。「漸成基因作用」（epigenesis）意指父親在成長過程中所遭遇的環境影響會遺傳給子女。這是一個非常難懂的概念。毫無疑問，親生父親的遺傳占了子女百分之五十的基因，但由於基因材料（這裡指的是DNA）在一生中並不會受到環境所影響。一般認為，為人父者在生小孩之前的飲食習慣不會對基因造成影響，因此不會傳給任何後代。他可以一成不變地過生活，並安慰自己，雖然自己的行為可能會影響孩子的心理，但不會徹底改變他們的生物構造。現在我們知道，這不是事實。父親在有小孩之前的人生所發展出的特質是會遺傳的，而且會對子女的發展造成正面與負面的影響。

「表觀遺傳學[4]」指的不是基因密碼（DNA）本身的改變，而是基因運作方式的變化。DNA有點像是硬體，而表觀遺傳作用就像改變基因表現的軟體。因此，產生變化的是負責壓縮DNA以讓它符合細胞核大小的染色質（chromatin）——組織蛋白（histone），即包裹DNA的蛋白質——而不是基因本身。換句話說，改變的是軟體，而不是硬體。我得承認我花了一些時間才搞懂。或許舉個例子會比較容易理解。

在十九世紀的挪威北部地區，作物歉收與過剩的現象不斷循環，因此豐收的時候，人們會大吃特吃。過了兩個世代，這些人的孫輩死於糖尿病與心臟病的機率遠高於平均人口，彷彿他們一直以來都營養過剩似的，但其實他們並沒有餐餐都大魚大肉。為什麼通常由肥胖所致的糖尿病，在這些人身上如此普遍？原因要追溯到數十年前。週期性糧食豐足的環境，對兩個世代後的子孫造成健康上的影響。祖輩的基因表現因為飲食過剩而產生改變，而此變化遺傳給下一代，然後再傳遞給下下一代。這就是表觀遺傳作用。

有越來越多的證據顯示，現代西方社會的流行疾病——肥胖，可能有部分是表觀遺傳機制所致。在發表於二〇〇六年、所屬領域的一項開創性研究中，倫敦大學學院兒童健康研究所（Institute of Child Health）的馬可斯・彭布雷（Marcus Pembrey）與來自合作機構的英國及瑞典同事，決定探究父親在童年時期抽菸對於未來子女的身體質量指數（body mass index，BMI，在醫界廣泛用於評估體重是否正常）所造成的影響。利用關注兒童發展的雅方親子長期研究計畫（Avon Longitudinal Study of Parents and Children，ALSPAC）下的龐大資料庫，他們調查父親開始抽菸的年紀與子女的身體質量指數是否有關。在研究中的九千八百八十六位父親之中，有五千四百五十一位曾經抽過菸。這些人大多在十六歲第一次接觸菸品，有些在十一到十四歲的期間開始抽菸，甚至有一百六十六人表示在十一歲之前就開始抽菸。彭布雷發現，父親在童年或青少年時期越早接觸香菸，子女的身體質量指數就越高。那些父親不到十一歲就開始抽菸的兒童，得到肥胖症的可能性相當大。然而，這樣的現象只限於兒子，女兒則不受影響。由此我們知

4 又稱「漸成基因作用」。

道另一個關於基因遺傳的事實。母親與父親遺傳給子女的基因，並非全是平等的。

印記基因（imprinted gene）是母親或父親體內的「隱性」基因。這表示，儘管雙親會傳遞基因給子女（依哪一方的基因維持隱性而定），但只有父親或母親的基因會表現在子女身上，進而塑造其行為、能力、解剖特徵或疾病。因此，一個人遺傳到的特徵有可能單純來自父親或母親。不同於馬彭布雷對於抽菸與肥胖症的研究中的案例，在印記基因存在的情況下，決定基因是否發揮作用的不是子女的性別，而是父母的性別——相同的基因，有可能在母親身上選擇靜默，卻在父親身上表現活躍。這種情況表示，只有父源性基因會對孩子造成影響，母源性基因則沒有發揮任何作用。因此，印記基因可說對大腦的發展特別重要，而父母在子女腦部不同區域的發育都負有「遺傳責任」。然而，這項研究才剛起步，目前關於印記基因的影響最有利的證據仍是肥胖遺傳基礎的研究。來自巴黎聖文生保羅公立醫院（Hôpital Saint-Vincent de Paul）的凱瑟琳・勒斯鄧夫（Catherine Le Stunff）與其同事，共同探究基因遺傳與胰島素分泌的關聯。他們發現，胰島素分為第一型與第三型兩個版本。從父親身上遺傳到第一型胰島素的兒童，罹患早發性肥胖症的風險遠高於從父親或母親遺傳到第三型胰島素、或者從母親身上遺傳到第一型胰島素的兒童。在這些案例中，這個基因是印記基因，在母親身上為隱性，只在父親身上發揮作用。

表觀遺傳作用與印記基因在兒童發展中扮演的角色，屬於科學的前瞻課題。目前我們可說是才剛開始挖掘，其對於兒童發展的影響以及對父母發揮的不同作用。但隨著知識增長，我們將能超越目前對於健康的關注——這始終是遺傳研究優先考慮的問題——了解父親的基因如何對子女在解剖特徵、生理與行為發展上的發展做出獨特貢獻。

父親對於子女的發展具有深刻且極為真實的影響，從繼承的基因到荷爾蒙分泌量、大腦的結構到展現的行為，再從心理的韌性到生理健康。某些情況下，父親與母親造成同等的影響，但在其他如語言、執行功能、親社會行為與心理健康等，父親占有獨特且不同於另一半的地位。如果你有孩子，請謹記，付出心力陪伴孩子（尤其在他們開始學走路與進入青春期的階段），可以幫助他們面對未來的生活。傳授的道理、教導的技能、投入的時間與分享的經驗，可以為孩子奠定神經、心理與行為發展的基礎，以利他們打造成功與健康的人生。如果這些基礎夠紮實，便可以繼續陪伴子女長大成人，這也意味著，在離開人世所遺留的影響力，有機會在美麗可愛的孩子身上持續發酵。

第十一章

父親24345.0

父職的未來

我們生活在二十一世紀。自人類父職演化五十萬年來，發生了許多事。我們告別了所有人類的近親，（自以為）成為最後一個直立行走的人種，經歷了無數個冰河時期，居住在地球上、發展村莊與城市、馴養動物、發現複雜的經濟理論、創造大量的文化和語言、不斷推展科學與技術創新的前沿、發動戰爭、爭取和平，還有時間發明與瘋玩手機遊戲《精靈寶可夢GO》（Pokémon GO）。過程中，人類的父職做出回應，更重要的是，歷久彌新。我將本章取名為「父親24345.0」，坦白說是因為我不確定今日的「父親」發展到第幾個版本了，這個角色的無限彈性讓人跟不上腳步。但我知道、也但願前面十章有表明的是，如今父親依然是人類社會的核心。他們是社會重要的一分子，肩負保護與教導的兩大任務，為後代的現在與未來貢獻心力。

本章，我希望探討父親的現況與未來。十年前我開始從事這項領域的研究，被訪問的爸爸都很感激有人注意到他們，也完全不知道社會對於父親有什麼樣的看法以及政府有哪些促進父職的方案。但是，隨著越來越多研究的出現、媒體關注度的增加，以及現代的新手爸爸越發意識到自己為孩子帶來的益處，與父職為自己帶來的喜悅和滿足，父親的角色變得遠比以往更加政治化。他們了解自己的欲望、需求與權利，並且因重新受到關注而有力量替自己發聲。

我所有研究的重頭戲都在於訪談。經過問卷調查、血液測試與健康檢查後，容許自由發揮且結構簡約的研究階段，讓爸爸得以暢所欲言。可以分享自己的想法、意見與經驗。這些對話幾乎都由受訪者主導，有些還持續數小時之久。然而，每次訪談的最後，在我與爸爸討論父親的實際面向、記錄孩子出生的過程，談到他們的抱負與恐懼以及探索焦慮和喜悅的來源之後，我會問最後一個問題：你覺得我們的社會對父親好嗎？這些訪談幾乎都會不時出現強烈的情緒（如喜愛、驕傲、挫折或害怕），但正是這個問題在許多情況下引發最激動、而且有時憤怒的反應。因為這些父親對自己的角色有很多想法與考量，其實，他們覺得花費時間與精力參與研究非常重要，但根據過往的經驗，這樣的付出通常都遭到忽略甚至貶視。在母親角色至高無上甚或神聖化的世界裡，缺乏重視與支持，加上父親無能的長期刻板印象，讓許多研究的爸爸一致認為，這個社會表面上說會滿足他們的需求，實際上卻希望他們安分地退回原本的位置。阿迪特的感受正是這些爸爸的普遍反應：

> 我覺得英國政府或是整個社會都認為家庭不需要爸爸，才會規定爸爸只能請十四天的育嬰假。大家都覺得，爸爸在小孩出生後越快離開家裡越好。
>
> ——巴倫（六個月大）的父親阿迪特

的確，西方社會正處於父職角色的轉捩點。我們站在一場潛在革命的分界線上，對於我們這些父職研究的學者來說，非常令人期待。一邊是稱職父親的樂土，他們與另一半具有相等的教養地位，照顧孩子、奉獻心力與鼓勵孩子；另一邊是傳統父親的舊有國度，他們負責養家糊口與管教孩子，但是與伴侶和孩子之間存在一些距離。客觀上，我們知道對小孩、家庭與社會而言，目標是以父職參與的模式回歸演化的根源，但我們要走哪一條路，有部分取決於父親個人。如果有充分比例的父親與母親要求改變，改變就會成真。然而，父親的最終命運——如同父親角色的每一個面向——同樣也與政治和經濟脫不了關係。到頭來父親無法單獨發揮作用，而是必須與所有的社會因素互相結合。正是因為從這裡開始，前方的路才變得崎嶇難行。

十年前，有關父職參與的期刊與新聞報導光用一隻手就數完，當權者也很少提到這個詞彙。但到了今天，沒有什麼能比全球各地的智庫、政府與慈善單位針對父親與共同教養所公布的報告數目，還能證明父親的角色比以往更加重要。過去幾年來，皇家助產士學院（Royal College of Midwives）、男性關懷（MenCare）、健全家庭（Working Families）、國際男性與性別平等調查（International Men and Gender Equality Survey）、美國國會研究處（US Congressional Research Service）、美國全國父道組織（The National Fatherhood Initiative）及英國政府成立的女性與平等委員會（Women and Equalities Committee），全都致力於研究全球各地的父職現況。他們關注父親在生產過程中的角色、在工作與家庭生活之間的平衡、尋求平等家庭地位的動力及育嬰假父權在世界各地的情況。這樣的實踐著實振奮人心，因為經歷多年飽受忽視的生活後，父親終於成為討論的焦點。大量關注表示大眾意識到父親對於子女與社會有重大貢獻。儘管研究備受歡迎，但對於實際做法的影響力，凸顯了在人人看法達成一致與現代父親如願實現抱負之前，我們還有一段路要走。從兩份報告中最能看出這個問題，一份是影響初期父職的英國研究，另一份則探討全球各地母親與父親地位的差距。

二〇一〇年，皇家助產士學院公布〈二〇二〇年助產工作〉（*Midwifery 2020*）報告，列出希望在二〇二〇年達到的助產實踐目標。這份報告明確將父親列為目標讀者。其中提到越來越多的科學研究證明，父職參與會影響母親與孩子的健康及發展。強調孩子出生前後期間，是提供父親建議與支持、幫助他們投入親職的「絕佳機會」，並表明助產士必須將爸爸視為產期照護的重要角色，不只應蒐集他們對於助產服務的建議，也要鼓勵其推動助產實踐的革新。基於以上因素，這份報告認為助產士應該與爸爸合作，鼓勵他們參與和支持照護工作。這些目標值得讚賞。但就二〇一七年來看，現實情況離這個願景還有一大段路。遺憾的是，他們列了目標，卻沒有付諸行動。

我的感覺是，他們不是把父親看成夫妻的其中一人，就是當作孩子的母親。父親沒有得到任何關注，也沒有支持團體可以求助。沒有任何事情幫助我做準備。

——喬瑟夫（六個月大）的爸爸約翰

從本書多位爸爸的心聲顯現出，儘管決策者立意良善，但這些男性在妻子懷孕與分娩的過程中，卻未享有同等的地位。許多父親也覺得小孩出生時，自己被排除在外。我的經驗是，這不是因為爸爸缺乏在這段期間付出心力與負起責任的熱情，我也不認為這完全是助產士或照護人員的錯。如果爸爸在孩子出生時尋求支持或扮演特定角色，絕大多數的助產士都會樂意伸出援手。真正錯的是政府與社會的上位者，他們堅守根深蒂固的文化觀念，抗拒科學證據與日益高漲的改變呼聲。這種現象在英國更明顯不過了。鮑伯的經驗令人痛苦地想起這個事實：

凱特流產時有得到協助。我們去了醫院，他們跟她談了一下，還說隨時有需要都可以打電話詢問，但我什麼都沒得到。這再次表明了，生孩子是媽媽的事。好像失去孩子的人只有媽媽而已，爸爸不算在內。

——托比（四歲）與哈利（十六個月大）的爸爸鮑伯

在英國，國家健康照護專業組織（National Institute for Health and Care Excellence，NICE）提供國家醫療服務臨床照護的諮詢並製作相關指南。他們為女性生產護理編製的指南於二〇一四年末出版，篇幅多達八十八頁。這份指南詳細描述生產過程中的最佳做法，並且指導醫護人員何時需要進入臨床照護的下一個階段。如今，越來越多的證據顯示，如果父親參與關於分娩的討論與決定，可以大幅增進母嬰醫療照護的成果。但是，這份國家健康照護專業組織出版的八十八頁文件，並未提及「爸爸」、「父親」或「伴侶」等詞彙。即使不考慮生產當下總是在場的爸爸可能需要、而且理應參與關於生產的討論與決定，以及人們完全從母嬰的角度來看待這個問題的事實，這種遺漏依然引人注意。國家健康照護專業組織辯稱，這些指南以病患為閱讀對象，而對國家醫療服務而言，生產過程的患者只有母親與嬰兒。然而，醫療化分娩的唯一目的是增加母親與嬰兒的存活機率。如果能夠提高這個機率的重要因素被排除在外，我們就應該要擔心。準爸爸的確不是醫療照護的焦點，但他不只是訪客，不只是在妻子分娩時握著她的手或是負責提大包小包的人，他有獲得照護的權利，應該要有人監督他的福利。先前的章節已清楚提過，有力證據指出生孩子會改變母親與父親的一生，不論在血緣關係、生理與心理方面都是，因此至少我們能做的是一視同仁，除了母親之外，也注重父親在生產過程中應得的照護。

如果你將媽媽的社會背景——她的家人——也納入考量，就是在改變人類的行為模式。一個家庭只有母親接受健康照護，這樣成效並不好，但這是世界各地的常態。這種做法是全世界普遍採用的模式，要改變非常困難。想想真是荒謬。

——家庭推廣組織創辦人鄧肯・費雪

我們依賴不合時宜、牴觸科學證據與父母心願的產期照護模式運作，結果是父親在現代的教養話題中依然缺席。儘管有確切證據指出，爸爸希望參與教養，以及父職參與可以促進孩子的發展、增進母嬰健康、減少女性遭受家暴的事件、長期可促進家庭與工作的性別平等，但這些訊息難以滲透權力的走廊。男性關懷組織於二〇一五年公布的報告〈全球父親的現狀〉（*The State of the World's Fathers*），率先對父親的現況——受到重視、支持與提倡的程度——進行全球性的評估。調查發現，參與父職的爸爸仍然面臨許多阻礙，一些在於經濟層面（尤其在較為貧窮的國家），但最棘手的是心理層面的問題。這些問題存在於社會與文化中；人們認為，男人負責工作、女人負責持家，兩性先天上無法扮演對方的角色。許多國家中，女性開始在工作環境突破這個藩籬（儘管這層隔閡經證明比我們想得還要深），男性在這方面卻遠遠落後。他們尚未說服大眾相信男性也有照顧的能力。

這種社會阻礙，再加上日益注重個人責任而非政府職能的世界，導致社會醫療照護服務的削減及不穩定就業人口的增加，而儘管絕大多數的男性表示願意減少工作換取更多陪伴小孩的時間（人口比例最低的是克羅埃西亞的百分之六十一，最高是智利的百分之七十七），但在全世界一百九十六個國家之中，只有九十二個國家的男性享有法定陪產假。在西方國家以外的社會裡，多數男性在小孩出生後照常上班，仍是常態而不是例外。男性的願望與現實情況之間的差距，大多必須歸咎於我們的社會。這種不平等及其本身造成的影響，經常反映在為人父者的經驗上。

爸爸享有越來越多的權利，但還有很多進步空間。小孩出生後，讓克萊兒回去上班六個月，而我請假六個月不足以維持家計，我們要負擔貸款和其他開銷，這麼做是行不通的。然而，這段時間回去工作，會讓你失去的最多，你會錯過孩子成長的所有細節。

——佛萊迪（六個月大）的爸爸狄倫

因為，在你支持為人父者、承認他們的重要性及參與教養的需求，並且建立有利的法律與財政制度的同時，變革也正在開展。即便在最崇尚個人主義的社會——美國——也是如此。

美國是全世界最富有的國家，但有著最吝於給予育嬰假的國家的惡名。自一九九三年以來，女性有權為了照顧新生兒或領養不久的孩子申請十二週無薪假，但是基於工作性質與年資的規定，並非所有新手媽媽都符合請假的資格。美國採行聯邦政府的政治制度，表示某些州已投票通過撤銷一些相關限制，但目前只有三個州通過立法給予有薪育嬰假，而在這些案例中，負擔請假成本的是雇主，不是州政府。

然而，一些雇主明白，兼顧家庭和工作的快樂員工攸關商業的成功，因此他們積極承擔這個新的責任。二〇一七年四月，美國安永管理顧問公司（Ernst & Young Global Limited）推行全新的育嬰假計畫，讓男性與女性首度適用相同的有薪育嬰假制度。在美國，表示現在身為父親的男性也擁有一直以來專屬女性的權利，可以申請多達十六週的全薪育嬰假。不只在美國，在全球而言也是企業文化令人震驚的一大躍進。安永指出，在計畫實行的第一年，新手爸爸平均請了六週有薪育嬰假，而且有百分之八十二的員工請滿十六週。對安永管理顧問公司而言，讓男女享有平等的教養權利，並提供經濟支持以確保所有人不論收入多寡都可享有權利，是理所當然的事。像安永這樣從事服務企業、深知員工就是本身的產品，因此確保他們在教養旅程之初順利起步，就等於擁有一群心滿意足與極度忠誠的勞動力。

其他組織也開始複製安永管理顧問公司推行的性別平等模式，但仍主要限於專業市場，因為優秀人才的短缺，使各企業必須端出最吸引人的福利，才有辦法與其他同業競爭。這可能會導致天數長的育嬰假只限於少數特權人士，而不是全部員工。另外，安永推出新方案後，身為新手父親的員工平均請假的天數比過去來得多，但儘管請假有薪水可領，卻只有百分之三十八的員工請假超過六週。為什麼會這樣？可能的原因是，雖然爸爸嘴上說想照顧小孩，但不願意付諸行動。然而，證據顯示並非如此，因為在男性可享有薪陪產假的企業中，申請延長育嬰假的比例高的嚇人。但是，在安永管理顧問公司工作的爸爸，依然秉持成功的標準是出席率而非績效的員工出勤文化。雖然如此，只要運用一點威逼手段與大量誘因來鼓勵男性顛覆這種態度，他們還是強烈渴望能有時間陪伴孩子。

二〇〇六年一月，加拿大魁北克政府立法通過男性專屬的有薪育嬰假，而相關的統計數據不言自明。這項法規施行的第一年，身為爸爸的魁北克男性請育嬰假的比例增加了二點五倍；育嬰假的長度從原本的兩週增加了一點五倍，變成整整五週的有薪假。此外，育嬰假結束很長一段時間後依然持續分擔家務的父親人口，比未請育嬰假的同儕高出百分之二十三。這個數據連同其他的研究顯示，如果兒子看到爸爸分擔家務與育兒的工作，長大後也會這麼做的可能性大幅增加，如此一來，這可以作為改善性別不平等的有力機制。這些結果與加拿大其他未開放男性專屬有薪育嬰假的省分的調查數據形成強烈對比；在那些地方，享有任何形式的男性有薪育嬰假的人口比例不到五分之一。

為什麼男性專屬的有薪育嬰假可以如此有效地改變父職文化？可能是「專屬」的標籤減少男性在工作上申請育嬰假的恥辱感——這種制度成為社會的期望，而父親可以大膽主張專屬的權利。也可能是因為，如果他們不享受專屬於自己（也就是別人無法取得）的權利，會產生拒絕在孩子的成長過程中陪伴他們的愧疚感。此外，經濟上的支持肯定是原因。魁北克當局願意給予補助，讓申請育嬰假的男性最高可以領取七成的收入，一週收入上限為七百六十七塊美金。爸爸可以輕鬆扮演照顧者的角色，不必擔心沒錢付帳單。

正是這種投入立法與經濟資源以推動政策的意願，讓魁北克的育嬰假制度如此成功。採行這套模式之際，他們依循北歐國家的腳步，譬如挪威與瑞典行之有年「不用則失去」的有薪育嬰假制度。瑞典的育嬰假於一九七四年首度施行，四百八十天的育嬰假之中，有九十天為父親專用，天數可以延長，而在平均四分之一的育嬰假期間，也就是一百二十天，父親會是主要照顧孩子的人。自一九九三年起即為父親友善國度的挪威，勞工享有四十六週的有薪育嬰假，其中有十四週為父親專屬。我認為，如果其他國家想履行承諾並真正採取參與且支持性父職的模式，就必須仿效這種做法——提供適當的立法與經濟支持。

評估新手爸爸、父職組織與企業主的看法之後，從事父職研究的學者無疑有個共識，那就是唯有藉由充分補助的父親專屬育嬰假，爸爸才能付出更多心力經營家庭、照顧子女與促進家庭生活。妨礙爸爸們入父職的大多是經濟與文化因素，倘若屏除這些阻礙，將更能主張陪伴孩子成長的權利。或許，我們也需要退一步，讓進化自然發展，因為，所有的文化包袱，畢竟都只是包袱。如果欲望夠強烈，很容易就能擺脫。相較於生物演化——創造人類並賦予這個物種父職本能的機制——的力量，文化只是外在的光彩。生物機制總是一再擊敗文化。

這股生物演化的力量，在於父親與他們對孩子的萬般愛意，因為，經過十年的努力，單憑學術證據與相關團體的倡導，在改變政策制定與溝通的文化上並未取得太多成果。研究報告層出不窮、會議一場接一場地開、無數杯咖啡下肚，進展卻令人沮喪地緩慢。因此，是時候改變方向了。從現在起，在我們的支持與強而有力的證據下，改變的動力與主動權必須來自父親。現在是時候面對阻礙，從政治的角度解決問題。幸運的是，關於自身角色的重要性，新世代似乎比過去的任何一個世代還願意表達自己的需求與渴望。就我與年輕爸爸訪談的經驗而言，他們比上個世代更樂於談論自己可以為孩子的生活帶來什麼、身為父親擁有的權利為何，也更勇於向雇主與專業人士提出這些看法。針對一千零四十三名倫敦市專業人士（可以想像他們懷抱強烈的事業心）的近期研究發現，二十一到三十五歲的新世代男性中，有四成對晉升資深管理職位毫無興趣，寧願擔任可以兼顧工作與家庭的職位。

我希望，目前父職文化得到的關注不是一時之舉，而是真正的社會變革。其中讓我感到樂觀的改變是不再侷限於地區，而是擴散到全球各地。有賴社群媒體，我們在自家後院想出的點子與得到的知識，可以在短短幾秒鐘內散播到世界上的其他角落。因此，我們可以看到其他人正如何挑戰極限與做出改變。儘管社群媒體有其缺點，但它讓我們得以突破距離、語言與文化的障礙，去了解其他人是怎麼過生活的。這當中也包含父職。在 YouTube 出現之前，我們並不清楚自己逐漸發展的父職觀念（親力親為照顧孩子並不會有損男子氣慨）是否有其他知音。但今日，只要在YouTube中打上「爸爸與寶寶一起跳舞」，就能看到一群三十多歲的爸爸胸前背著寶寶在學校大廳跳舞的影片，振奮了世界各地的數萬人。或者，如果想學習一些父職知識，可以觀看許多教爸爸如何幫女兒綁頭髮的影片。這些影片數以萬計的點閱率，證明了爸爸是多麼渴望全心投入、親力親為地照顧孩子。

無論他們是孩子的親生父親、繼父、養父或法定監護人，無論他們是孩子的兄長、叔伯或爺爺，還有無論他們是否與孩子同住，這些男人與男孩為日常照顧所付出的心力，都持續影響著孩童、女性與男性的生活及周遭的世界。

——〈全球父親的現狀〉，男性關懷組織發表於二〇一五年

父職將會不斷變化，這是其本質的一部分。此刻，我們專注於營造讓父親可以真正陪伴子女的環境，但誰知道未來人類又會面臨什麼意想不到的問題？往後

看似動盪不安的時局裡，任何事都可能發生，造成的影響或許會使我們分心。但願這種情況不會發生。我希望，隨著知識、男性改善現狀的渴望與社群媒體散播訊息的力量的增長，不論為人生帶來什麼樣的考驗，我們都能持續追求目標。這個目標其實非常簡單，就是承認父親不論作為個人或社會的一分子，都對人類具有重要性。而且，我們還要創造合適的環境，讓父親可以盡情發揮演化而來的作用，保護、教導與娛樂孩子直到他們成熟懂事為止。這就是我們的目標。

後記

前面敘述的就是我們從科學角度所得到、關於現代父職的所有知識。我們學到了什麼？自五十萬年開始演化以來，無論處在何種環境，父親一直利用強大的韌性來實現保護與教導的目標。其角色受到社會與生物的力量所影響，因此教養的方式極其多元。同一系列的神奇化學物質、加上重大的腦部變化，驅使所有父親照顧孩子與付出心力，表示對父親與母親而言，成為家長同樣都會影響生物機制與心理狀態。在養育健康子女所需的教養團隊中，父親是必要的成員，但他的實際身分並不受血緣所限制；誰履行父職，誰就是孩子的父親。用心參與子女生活的父親不只是身為男性的母親，他也以獨特的方式執行任務，注重如何讓孩子做好面對外在世界的準備。此外，當爸爸是一項永遠沒有盡頭的工作；對於學步幼兒正在發展的社交技能與青少年的心理韌性，這個角色至關重要。

本書一開始，我說過有三個主要目標。第一是把大家的焦點從所謂怠職的父親（已有很長一段時間是頭條新聞與學術研究的標題）轉移到盡責的父親（幸好比前者更為普遍）。他在孩子睡前唸故事給他們聽、準備午餐和幫孩子穿衣服。我希望平衡關於父親的紀錄，因為我相信，他們跟我們如今認為的並不一樣。不論與孩子是否有關係、住在同一屋簷下、只有一位或有好幾位，父親都是特別與獨一無二的。他們是一種生理與心理現象，具有韌性、可以擴展孩子的發展潛力與照顧孩子，而且絕大多數都陪在孩子身旁。

我的第二個目標是，透過我與同事的研究，讓準爸爸、新手爸爸與育兒已有一段時間的爸爸消除對於自身想法、感受與經驗的疑慮。我希望能準確描述充滿壓力或困難的時刻、強調常見的感受或想法、說明有助於父職的生物機制，並且讓你們知道，親子教養沒有正確的方法，自然演化會使你成為最適合子女的父親。此外，我也希望你們了解自己在孩子的發展中扮演關鍵角色，如此便可以盡情與小孩一起挖掘樂趣。

最後一個目標是教育社會。父親是世界上每一種文化不可或缺的一部分，但相較於母親，我們通常對他知之甚少。然而，每個人都有過當爸爸或與爸爸相處的經驗，即便他們不是我們的父親，而我們應該認真學習更多關於他們的知識。

作為個人、家長與家庭的一分子，父親具有影響力；他們能夠做出貢獻。他們需要我們的認可、感謝與支持。

現在，你讀完這本書，我需要你協助散播父親的故事。在我研究父親的十年裡，這個角色有了很多改變，而這些變化大多是由男性本身所推動，他們堅持自己的需求、權利與參與教養的渴望，但目前仍有很大的進步空間。科學的道理就在眼前，我們只需要鼓勵大眾去理解。因此，請傳遞你學到的新知，如果你是父親，請以自己為傲。你是五十萬年演化的巔峰之作，因為重要，所以雀屏中選。但是，與其聽我的話，不如聽聽一位真正的專家、四歲的喬瑟夫與兩歲的里歐的爸爸約翰所說的：

> 要有信心，你扮演重要的角色。不要小看自己……這是一個絕佳的機會，一個不可思議的責任。好好把握。

這段話說得實在比我精闢！

鳴謝

首先我要感謝經紀人，弗利西堤布萊恩出版代理公司（Felicity Bryan Associates）的莎莉・霍洛威（Sally Holloway），她在枯燥至極的學術文稿中看到一些機會，指導我科普寫作的原則，並且在我寫作的期間不斷提供幫助與建議。再來我想感謝西蒙與舒斯特出版社（Simon & Schuster）的編輯克勞蒂亞・康納爾（Claudia Connal），謝謝她的循循善誘與出色的編修成果。她十分擅長找出流於空泛的理論敘述，以及提醒我緊扣主題。另外，非常謝謝我在牛津大學的上司羅賓・鄧巴教授，他是啟發人心的科學家與作家，在我的學術生涯中給予支持，讓我能在應該做其他事情的時候花時間研究父親的角色。我也必須感謝我的研究團隊，實驗心理學系的社會與進化神經科學研究小組（Social and Evolutionary Neuroscience Research Group），與他們的討論讓我獲益良多。我想特別感謝讀完本書前幾章並提供評論的艾麗・皮爾斯（Ellie Pearce）博士。另外也要謝謝國家生育信託（National Childbirth Trust），尤其是法蘭．希爾（Fran Hill）與珍妮．巴雷特（Jenny Barrett），他們協助募集研究對象與提供調查設計上的建議。我也要感謝英國人文社會科學院（British Academy）資助我的第一項研究，讓我踏上父職研究的道路。謝謝我的朋友總是關心我的寫作進度，還有在我遇到瓶頸時提供熱茶與點心，特別是我的好友費歐娜（Fiona），她多次在橫越大西洋的航班上閱讀頭幾章的草稿。我想感謝同事穆斯（Moose）、貝兒（Bear）與山姆（Sam），我們談話所缺乏的，他們都用親吻和擁抱補足了。還有，我要感謝每一位家人，尤其是我的母親與父親，他們讓我從小相信學習是一件快樂的事，給予我情感上的支持，經常幫我付學費，也很樂意幫我帶小孩，讓我能專心回到工作崗位從事研究。此外，他們一直都樂於當我的實驗讀者，閱讀我寫的許多論文與書稿（但願這比博士論文來得易讀）。我要將這本書獻給我美麗的繼女莉蒂亞（Lydia）和兩個女兒喜碧（Hebe）與凱蒂（Kitty），她們是我生命的意義。我也要感謝我的先生朱利安，他帶給我撰寫這本書的靈感，而且始終灌注我滿滿的愛與支持。謝謝你。

參考資源

父職組織

● **父職研究所**（The Fatherhood Institute）

www.fatherhoodinstitute.org

以英國為據點的「智庫與行動組織」，致力於研究、遊說政策變遷、統整研究發現，並與家庭和組織合作。

● **父道研究所**（Dads4Kids Fatherhood Institute）

www.dads4kids.org.au/index.html

提供父職資訊、課程與協助的澳洲組織。

● **父職計畫**（The Fathering Project）

www.thefatheringproject.org

澳洲機構，旨在激勵與幫助爸爸做好投入父職的準備。

- **「父與子」**（Father & Child）

http://fatherandchild.org.nz

紐西蘭機構，以幫助男性成為最稱職的父親為宗旨，提供相關的資訊與協助。

- **歐洲父職平台**（Platform for European Fathers）

www.europeanfathers.wordpress.com

由來自十六個歐洲國家的二十五所機構組成的傘式組織，致力在歐洲議會（European Parliament）促進父親的權益與提倡父職參與。

- **牛津親子計畫**（OxPIP: The Oxford Parent Infant Project）

www.oxpip.org.uk

英國組織，提供治療服務以幫助家長建立健康與溫暖的親子關係。

- **北安普敦郡親子合作計畫**（NorPIP: The Northamptonshire Parent Infant Partnership）

www.norpip.org.uk

英國機構，提供治療服務以幫助家長建立健康與溫暖的親子關係。

- **英國安娜佛洛伊德兒童與家庭中心**（Anna Freud National Centre for Children and Families）

www.annafreud.org

關注兒童心理健康的英國慈善機構。他們推行一項全國親子計畫，提供家長治療介入措施，幫助那些為了各種原因而掙扎、或者難以建立健全親子關係的父母。

- **「家庭需要父親」（Families Need Fathers）**

www.fnf.org.uk

英國慈善機構，幫助爸爸與分居的子女維持親子關係。

- **「孩子需要父親」（Kidz Need Dadz）**

https://www.kidzneeddadz.org.nz/about_us

紐西蘭組織，致力幫助父親與教育他們關於親子互動的重要性。

- **「家庭參與」（Family Included）**

www.familyincluded.com

全球性組織，旨在協助世界各地的父親投入孕婦與新生兒的保健。

- **父職諮詢網站（Dad.Info）**

www.dad.info

自稱為歐洲規模最大的父職諮詢網站。

- **父職的力量（Father A Nation）**

http://www.fatheranation.co.za

南非組織，推行父職技能教育的社區計畫。

- **父親團體企業（Dads Group Inc.）**

www.dadsgroup.org

澳洲社群網站，促進當地爸爸的交流，鼓勵父職支持團體分享資訊。

- **全球父職（Fatherhood Global）**

https://fatherhood.global

蒐羅全球各地父職研究結果的網站。

- **父親之家（Dads House）**

www.dadshouse.org.uk

支持單親爸爸的英國組織。

- **父職投入**（Dads in the Picture）

http://www.dadsinthepicture.co.za

由一群父親創立的南非組織，幫助爸爸更加投入家庭。

- **蘇格蘭父職網絡**（Fathers Network Scotland）

www.fathersnetwork.org.uk

蘇格蘭組織，從事研究、提供父職的資訊與建議，並為各行各業的爸爸舉辦活動。

- **國家生育信託**（National Childbirth Trust）

www.nct.org.uk

英國行動與教育慈善團體，提供新手爸媽建議、支持與訓練。特別注重孩子誕生之初的一千個日子。

- **獅子理髮師聯盟**（The Lions Barber Collective）

  https://www.thelionsbarbercollective.com

  國際理髮師組織，成員均受過訓練，能夠傾聽與幫助男性解決心理問題，包含產後憂鬱症、焦慮症與創傷後壓力。身為聯盟成員的理髮師會在店面貼上專屬標誌。

Podcast（可下載的廣播節目）與部落格

- **父親甘苦談**（TheAverageFather.com）

  TheAverageFather.com

  專為父親開設的父職廣播節目，製作人是來自加拿大的東尼·莫羅（Tony Morrow）。

- **初為人父**（Brand New Father）

  http://bnfpodcast.com/

一位新手爸爸分享父職經驗的部落格與廣播節目。

- **奶爸達人（The Poppin’ Bottles Dad Cast）**

http://poppinbottlesdadcast.com/

一次七十分鐘的廣播節目，提供有關父職的見解與建議。主持人是兩位自稱超級奶爸的男性。

- **爸爸的生活（The Life of Dad Show）**

www.lifeofdad.com/podcasts/

訪談節目，來賓都是育有小孩的名人。

- **好爸爸計畫（The Good Dad Project）**

https://gooddadproject.com/podcast/

推行父職運動與社群，致力突破常見的父職挑戰，增進大家對父職的認識。

● **鬍鬚老爸**（Beardy Dads）

http://beardydads.co.uk/

兩位英國人父討論爸爸會感興趣的主題。

● **現代爸爸**Podcast（Modern Dads Podcast）

一群生活在紐約的父親分享關於教養與父職的真實故事。

● **簡單男人的生存指南**Podcast（Simple Man's Survival Guide Podcast）

從幽默角度談論美國中西部中年父親的生活。

● **雙胞胎的父親指南**（Dad's Guide to Twins）

www.dadsguidetotwins.com/category/podcast/

專為育有雙胞胎的爸爸開設的Podcast，提供教養建議。

- **土包子爸爸（Geek Dad）**

https://geekdad.com/

內容關於父職與科技，包羅萬象。

- **父親的國度（Father Nation）**

http://www.fathernation.com/

關於父職經驗的訪談，也提供父職的建議。

- **爸爸的 Podcast（The Dad Podcast）**

http://www.thedadpodcast.com/

主持人是脫口秀喜劇演員賈斯汀．沃許漢（Justin Worsham）。節目兼具娛樂性與知識性，固定邀請一位家庭心理學家作為來賓。

父親養成指南：從只出一張嘴的豬隊友，進化成參與育兒教養的新時代神隊友
The Life of Dad: The Making of a Modern Father

作　　者❖ 安娜·麥菁（Anna Machin）
譯　　者❖ 張馨方
美術設計❖ 兒日
內頁排版❖ 極翔企業有限公司
總 編 輯❖ 郭寶秀
責任編輯❖ 黃怡寧
特約編輯❖ 邱鈺萱
行銷業務❖ 力宏勳、許芷瑀

發 行 人❖ 凃玉雲
出　　版❖ 馬可孛羅文化
104臺北市中山區民生東路二段141號5樓
電話：(886)2-25007696
發　　行❖ 英屬蓋曼群島商家庭傳媒股份有限公司城邦分公司
臺北市中山區民生東路二段141號11樓
客服服務專線：(886)2-25007718；25007719
24小時傳真專線：(886)2-25001990；25001991
服務時間：週一至週五9:00～12:00；13:00～17:00
劃撥帳號：19863813　戶名：書虫股份有限公司
讀者服務信箱：service@readingclub.com.tw
香港發行所❖ 城邦（香港）出版集團有限公司
香港灣仔駱克道193號東超商業中心1樓
電話：(852)25086231　傳真：(852)25789337
E-mail：hkcite@biznetvigator.com
馬新發行所❖ 城邦（馬新）出版集團
Cite (M) Sdn. Bhd.(458372U)
41, Jalan Radin Anum, Bandar Baru Seri Petaling,
57000 Kuala Lumpur, Malaysia
電話：(603)90578822　傳真：(603)90576622
E-mail：services@cite.com.my
輸出印刷❖ 中原造像股份有限公司
初版一刷❖ 2019年8月
定　　價❖ 400元（如有缺頁或破損請寄回更換）

國家圖書館出版品預行編目資料

父親養成指南：從只出一張嘴的豬隊友，進化成參與育兒教養的新時代神隊友 / 安娜．麥菁（Anna Machin）著；張馨方譯. -- 初版. -- 臺北市：馬可孛羅文化出版：家庭傳媒城邦分公司發行，2019.08
面；　公分
譯自：The life of dad : the making of a modern father
ISBN 978-957-8759-79-4（平裝）

1. 父親　2. 親職教育

544.141　　108010782

城邦讀書花園
www.cite.com.tw

ISBN：978-957-8759-79-4（平裝）